ANAMNESIS

ANAMNESIS

LOVE & DEATH - POETRY

Juan Castano

AuthorHouse™
1663 Liberty Drive
Bloomington, IN 47403
www.authorhouse.com
Phone: 1-800-839-8640

Translations and Photography by Juan Castano

First published by AuthorHouse   06/09/2011

ISBN: 978-1-4567-8392-1 (sc)
ISBN: 978-1-4567-8393-8 (ebk)

Printed in the United States of America

Contents

INTRODUCTION

Anamnesis, arises from the many feelings that Juan Castano didn't present until 1995, when at the height of his adolescence, visions, love and premonitions has him and causes a series of emotions that are moulded in his first work: *ANAMNESIS*.

"Love and death", are the expressions that he has used to define experiences of critical moments and ecstasies. However, those two are completely opposed feelings, nevertheless in many of our hearts and the deepest reasons, they are still there without realizing.

Thoughts like: "Life is death and death is life, because every day that passes, is a day more to die and a day less to live", are those that identify Castano as a lover of inevitable eternal dream, without isolating us of incommensurable passion for the reason, that in him, it woke up feelings that are moments full of rejoicing and death, moments of suffering and meditation, moments that are commemorated in this work.

In the beginning, *ANAMNESIS* seemed verses of an adolescent who tasted the honeys of the rhetoric for the first time, but passing of his life, his words are also made deeper like his love for the writing. Castano was maturing between diverse feelings, which the wind didn't erase, and each thought is for him reason of poetry.

For that reason, the name of this work, that is the commemoration of moments apparently forgotten.

Castano has wanted to leave impregnated in each moment his feelings, his visions and glimpsing each degree, we will realize that the content is total vitality of eroticism and torment, without separating us from other feelings less well-known in this work, but for that reason not less important.

Castano in his plethora youth, has finished ANAMNESIS, poetry of love and death; and his aims are not only to leave a writing more in the sparkling Literature, but to demonstrate to the pubescence that to be altruistic man of letters, is not presupposition of cordiality.

—S.L.Varela (1999).

*"LIFE IS DEATH
AND DEATH IS LIFE,
BECAUSE EVERY DAY THAT PASSES,
IS A DAY MORE TO DIE
AND A DAY LESS TO LIVE."*

—JUAN CASTANO.

"Let me tell you about heartache,
and the loss of god,
wandering, wandering in hopeless night.
Out here in the perimeter there are no stars,
Out here were stoned, immaculate"

—JAMES DOUGLAS MORRISON.

• PARA TODOS AQUELLOS QUE LEEN •

Os sería mejor cegarlos a todos,
a aquellos seres malditos de la vida
que con su hipócrita presencia nos sentencian.

Sería mejor sentenciarlos a ellos
por sus crímenes humanos de injusticia;
Elevando a aquellos seres eruditos
que en realidad no pertenecen a este infierno.

Criminales del arte y las letras:
apartaos de las deidades literarias,
de aquellos que poseen sangre filosófica
y de todos los provenientes del santuario.

Cada cual que tome su verdadero camino:
cada cual a su infierno de odio
y cada cual a su infierno de amor,
en donde habita lo lírico . . . 'el santuario'.

No manchase las letras de aquellos
que plasman sus sentimientos más profundos
y sus vidas en sus obras.

Tan solo son dignos aquellos seres que
en similitud, plasman con su sangre
letras inmarchitables que serán leídas,
por hombres y mujeres provenientes del santuario.

• FOR ALL THOSE THAT READ •

Oh, would be better to blind them all,
those damn beings of life,
that with their hypocritical presence, sentences us.

Would be better to sentence them
by their unjust human crimes;
Elevate those erudite beings,
who in fact, don't belong to this hell.

Criminals of arts and letters,
separate them from their literary deities;
deities with philosophical blood,
originated souls, from the sanctuary.

Everyone will take its true way,
everyone to its hell of hate
and everyone to its hell of love;
the lyrics inhabit, the sanctuary.

Don't stain the letters,
of those that shape, their deepest feelings
of their life, in their work.

Only the erudite beings are worthy,
who in similarity, shape with their blood,
dissected letters that will be read,
by men and women originated from the sanctuary.

• SOBRE LAS OBRAS PÓSTUMAS •

Extraño es el mundo en el que habitamos,
extraña la gente con la que convivimos;
el placer del arte es para los hombres
la más tardía experiencia de amor.

El ser supremo es aplastado por otros
en el mundo de la hipocresía y el odio;
solo en su verdadero reino puede reír,
solo en su inmortal reino puede trascender.

El artista supremo de la vida
camina lozano hacia su tumba
en donde la humanidad lo ha postrado,
en donde todos lo querrán de verdad.

Tan solo las palabras vivirán eternas
en el mundo donde nos exiliaron de la gloria
y en el que tan solo hoy pueden recordarnos.

Cuando en este mundo no se valora algo,
lo póstumo es el verdadero desprecio
de lo que es realmente grande y
que los pobres hombrecillos no pueden admirar.

La muerte perpetua las almas y mentes
de artistas supremos y sus obras;
la muerte es la vida en aquel reino
de todos aquellos hermosos póstumos.

• ON POSTHUMOUS WORKS •

Stranger is the world that we live in,
strange the people we coexist with;
the pleasure of art is for men
the most delayed experience of love.

The supreme being is squashed by others
in a world of hypocrisy and hate;
only in his true kingdom can laugh,
only in his immortal kingdom can exist.

The supreme artist of life
walks sprightly towards his tomb,
where humanity has throw him,
where all will really love him.

Only the words eternal will live,
in a world where they exiled the glory
in which one day, they will remember us.

When in this world something is not valued,
the posthumous are like scorn,
of what is really great,
and the poor little men cannot admire.

Death will perpetuate the souls and minds
of supreme artists and their work;
death is life in the kingdom
of all those beautiful posthumous ones.

• SOBRE EL NUEVO DIOS •

Aún cuando fallezca, su mundo no morirá;
creador de seres y objetos, conocidos y desconocidos,
dueño y señor de todo aquello ajeno al vaticinio,
ajeno a todos aquellos discípulos
de aquel cruel mundo humano.

Sueños de fuego congelado estremecen y retumban
entre jardines del cielo y el infierno,
donde lo perverso y lo armónico, tomados de la mano
se unen y se aman, se embriagan y se entrelazan.

El mundo donde el arte es soberano y regente,
el mundo en que el poeta es el ser supremo,
es constantemente asechado por todos aquellos
seres díscolos, envenenados por la envidia.

El dios-poeta es criminal de la verdad
tan solo en el paraíso desorbitante de esclavos,
esconde el mundo de aquellos lacedemonios
convirtiéndose en sofista y bufón de la vida.

Aún cuando el dios-poeta fallezca, su mundo no morirá,
su obra creadora es infinita e inmortal;
tal como un extenso sendero de estrellas en el cielo,
tal como un sublime mundo de sueños y recelos.

• ON THE NEW GOD •

Even if it passes away, his world will not die;
creator of mortals and creatures, known and unknown;
owner and master of all desires,
eccentric to all those disciples
of the cruel human world.

Frozen dreams mixed with fire,
resound between gardens of sky and hell;
decadent and reckless souls, taken from their hand,
are united and fused, are intoxicated and interlaced.

A world where the art rules and reins,
a world in which a poet is the supreme being;
low human beings, poisoned by envy
constantly setting traps, for the new god.

The God-poet is accused, criminal of the truth,
in the madness paradise of slaves;
the world of those greater demons hides,
and he becomes sophist and buffoon of life.

Even if the God-poet passes away, his world will not die,
his creative work is infinite and immortal;
as an extensive star footpath in the sky,
as a sublime world of dreams and hope.

• ABRAZADO A LA MUERTE •

Un niño, el que a ti se entregó;
un niño, que en un jardín
te hizo vivir, te hizo soñar
y del dulce néctar del amor
te dio a probar.

Y es un niño,
quien grita a los cuatro vientos:
amar es verdad
y verdad es lidiar por un existir.

El lado oscuro de la vida,
absorbe sin clemencia al hombre
que el niño a dejado al marcharse.

Mi vida se a tornado
Una burla sangrienta
Que los dioses me han jugado.

¿Ahora qué puedo yo hacer
Si solo la vida me ha dejado?
no tengo amor, no tengo existir
y tan solo a la muerte me he abrazado.

• EMBRACED TO DEATH •

A boy, the one that gave himself to you;
a boy, who in a garden,
made you live, made you dream
and of the sweet nectar of love
gave you to taste.

And is a boy,
who shouts to the four winds:
'love is truth
and truth is to fight for an existence.'

The dark side of life,
absorbs without mercy
the man that the boy left behind.

My life has turned
into a bloody ridiculous joke,
that the Gods have played on me.

Now what can I do?
life alone has left me?
I don't have love, I don't have an existence,
and only to death I have embraced myself.

• LA NUEVA CRIATURA •

Plasmar una fina silueta en mi corazón,
con un verso de mis labios alimentarte
y con un poco de mi sangre enamorarte.

Eres la razón de mi pensar
y parte absoluta de mi ser,
el todo de mi mundo y fantasía de mi niñez.

Celeste ser resplandece,
de donde dos almas se desprenden
y al mundo un puñado de tierra pertenecen.

Plasmar una silueta y vivir por ella,
con la razón del corazón mantenerla,
con el llanto del sentir recuperarla;
una fina silueta, una nueva criatura.

El fortuito encuentro de nuestras almas
hace resplandecer la luz de la verdad;
la más pura expresión del destino.

Funde nuestras almas al amanecer,
nuestro sendero al resplandecer
desgarrara el infernal momento;
inmortales caricias quedaran en el recuerdo.

Entre dos cuerpos y dos almas,
el amor conlleva el destino;
una nueva criatura, que mi alma siempre amara.

• THE NEW CREATURE •

Shape a fine silhouette in my heart,
with a verse of my lips to feed it,
with my blood make it fall in love.

You are the reason of my thinking
and absolute part of my being,
my whole world and fantasy of my childhood.

Celestial being that shines,
where two souls comes off,
and to the world belongs.

Shape a silhouette and live for it,
with the reason from the heart, preserve it;
with tears of love, recover it;
a fine silhouette, a new creature.

The accidental encounter of our souls,
makes the light of truth shine;
the purest expression of our destiny.

Uncover our souls at dawn,
our footpath still shining
and tore the infernal time;
immortal touch remains in our memory.

Between two bodies and two souls,
love entails the destiny;
a new creature that my soul will always love.

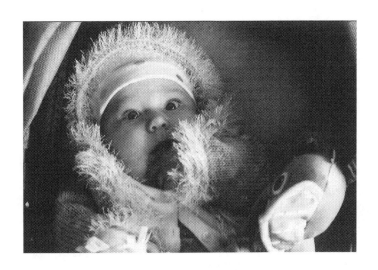

• LAS PUERTAS •

Cuando la vida se vuelve oscura
no encuentro una salida.
cuando la vida no me sonríe
todo es tristeza y soledad . . .
. . . no me cierres las puertas.

Déjame vivir la vida a mi manera,
déjame ser feliz,
ser feliz sin más dolor . . .
. . . no me cierres las puertas,
no te olvides de mi.

Ahora que tú me has vuelto a la vida,
ahora que me has abierto las puertas
no quiero dejarte, te necesito,
tu eres mi vida y mi pasión . . .
. . . no me cierres las puertas,
quédate junto a mi.

• THE DOORS •

When life becomes dark,
I can't find an exit.
When life doesn't smile,
everything is sad and loneliness;
don't close the doors.

Let me live life my way,
let me be happy,
happy without pain;
don't close the doors,
don't forget about me.

Now that you have brought me to life,
now that you have opened the doors,
I don't want to leave you, I need you,
you are my life, my passion;
don't close the doors,
stay with me.

• LA ROSA DORADA •

Hoy a tu jardín
ha llegado una nueva flor,
una que atrajo tu amor,
aquella que sonrojo tu corazón.

Hoy una flor en tu jardín,
mañana un vacío en tu corazón,
y adjudicará el futuro
que no se regó con pasión.

Te preguntarás una razón,
pero únicamente habrás encontrado,
aquella bella flor en tu mesón
y un adiós sin significado.

Por el resto de tu existir
estarás recordando y añorando,
el alma de esa flor dorada
que dejaste abandonada.

• THE GOLDEN ROSE •

Today at your garden
a new flower has arrived,
one that attracted your love,
one that blushed your heart.

Today a flower in your garden,
tomorrow emptiness in your heart;
and will find in the future
that wasn't watered with passion.

You will look for reasons,
but you will only find,
a beautiful flower on your table
and a good bye without meaning.

For the rest of the existence,
you will remember
and long for my soul;
in your hand, a golden flower I left behind.

• EL ARTE DE LA SOLEDAD •

Compartir con aquel ser oscuro,
aquel personaje que no habla
y sin embargo hace reflexionar.

No solo con mi sombra puedo estar,
necesito amar, necesito soñar,
y fugarme de este vacío lugar.

El recuerdo de aquella época,
me remite al pasado fugaz y tortuoso,
del camino oscuro donde yacía doloroso.

Desde hoy y hasta el nuevo amanecer
seguiré siendo recordando, sin frialdad,
pero como se ha deseado . . . en soledad.

Y aunque no entienda,
con el tiempo y en soledad,
me resignare a vivir con esta realidad.

No solo con mi pasado puedo estar,
un nuevo amanecer me a de despertar;
nececito amar, necesito soñar,
y fugarme de esta soledad.

• THE ART OF LONELINESS •

Sharing with a dark shadow,
that never speaks to us;
nevertheless, makes us reflect.

Not only my shadow,
I need love, I need to dream,
and escape from this empty place.

The memory of the past,
sends me back, flying,
to the dark place where I lie utterly.

From today and to the new dawn,
I will remember, without fury,
and with desire, the loneliness, cold, the shadows.

I don't understand it all,
but with time and in loneliness,
I will resign from this reality.

Not only my past,
a new dawn to wake up;
I need love, I need to dream,
and escape from this seclusion.

• SOLO UNA IMAGEN •

Suspira un repentino pasado
escondiendo un sentir fugaz;
una leve sonrisa tímida
juega con el confuso momento.

Imágenes cubren nuestro silencio,
se inhibe el ardiente interior
separando momentos indescifrables;
los ojos claros se despiden inevitables.

Circunstancial momento
atrae viejos lazos de calor;
se pone en duda el existir del dolor
y un nuevo roce es el renacimiento.

La dulzura del joven cuerpo
encierra un sin fin de cuestiones;
la posibilidad del suceder
y el continuar de un amanecer.

El impulso solo depende del querer
y el sentir del momento refleja el querer;
un acercarse bello floreciendo
y un beso que nace muriendo.

• A SINGLE IMAGE •

A sudden past returns
hiding, fleeting, the past feelings;
one tiny timid smile,
plays with the confuse moment.

Images covering our silence
out of the ardent souls;
separating the indecipherable moments,
her clear sight leaves inevitable.

Circumstantial moment
attracts the heat of our old fire;
the existing pain is put in doubt
and a new touch is the Renaissance.

The sweetness of the young body
locks up endless questions;
the possibility of happening
and continuation of the dawn.

The single impulse depends on wanting,
feeling at moments, reflects desire;
a beautiful approach is blooming
and a kiss has born dying.

• LOS TRES DESEOS •

IV

El verdadero dinero brilla justo
alcanzando la riqueza espiritual;
el hombre alcanzando la cima
piensa agradecido a su dios;
con la vista en las alturas
ve fluir su río inmortal
en la memoria del mundo entero.

X

Memorias impregnadas en los ojos
de todo un mundo sarcástico,
elevado por siempre al cielo
y plasmado como cual dios
en las páginas de la historia humana;
la muerte alegre revive su legado
que lo mantendrá en todas las miradas,
por siglos de guerras y uniones.

XXIX

Siendo tocado por la pureza del sentimiento,
entrega su ser a la naciente primavera;
un eclipse detiene numerosas vidas
de hombres y mujeres comunes
que lloran sus alegres experiencias;
la muerte inmortaliza la tumba de la unión,
de ángeles humanos que abrazados
se entrelazan por el verdadero existir.

• THREE DESIRES •

IV

The true money shines with justice
reaching the spiritual wealth;
the man reaches the top
thanking his God;
with the sight in the heights,
he sees his immortal river flowing,
with the memory of the entire world.

X

Memories impregnated in her eyes,
a whole sarcastic world;
elevate our past forever to the sky
and mould it as God,
like the pages of human history;
death revive the legacy,
that will survive our past and future,
for centuries of war and peace.

XXIX

Being touched by the purity of the feeling,
give yourself to the rising spring;
an eclipse stops numerous lives
of men and common women,
crying their experiences of love;
death immortalizes the tomb and the encounters,
of divine angels, who embraced together,
interlace themselves with the true existing.

• SIN TITULO Y SIN NADA •

Volé orgulloso por los aires
del maravilloso mundo.
estuve allí, y viví cada cosa;
el pasado por mi mente siempre pasa.

Probé sonriente del mar,
y de las ardientes huellas
que noche a noche,
se enterraban en mi alma.

Estuve en aquel extraño lado
y hoy no estoy aferrado ya mas,
sin embargo volveré a estarlo;
mírame, estoy aquí solitario.

Me cambiaron para odiarme,
y mi sangre derramaron
ya mi legado han dejado olvidado;
al mundo dejare de aferrarme.

Mírenme, recuerden lo hablado;
Escúchenme soñando sin replicar,
al tocarme, vuelven con miedo a delirar;
estuve allí, y viví cada cosa,
el pasado por mi mente a de pasar.

• WITHOUT TITLE OR ANYTHING •

I flew proud through the air
of the wonderful world.
I was there, and I lived each moment;
the past through my mind, always passes by.

Smiling, I tasted the sea,
and the ardent tracks
that night by night,
were buried in my soul.

I was in that strange side
and today I'm obstinate no more;
however, I will return to be again;
look at me, I am almost there.

They have changed and hated me,
now my blood they have spilled
and my legacy has been left forgotten;
to this world I won't be attached no more.

Look at me, remember the spoken words,
listen to me, dream, without saying a word;
touch me and return with delirious fear;
I was there, and I lived each moment,
the past through my mind always passes by.

• DESEQUILIBRIO •

Un vacío sin fin, una oscuridad total;
todo sin saber dentro de mí esta.

Un río que llena mi corazón,
pasando por entre mis labios, te enamora sin razón;
un cielo que desplega el infinito,
y un mundo lleno de conflicto.

Un viaje sin regreso se emprende
al final del mundo egotista y de confusión,
rompiendo todo esquema sin solución.

Tus uñas hoy ya inexistentes
que en un pasado me recorrieron,
obcecaron la pasión de mi corazón.

Un aire me silencia y la multitud me paraliza,
aun mi mente recuerda esa vieja risa.

Dormitando en la balanza de la vida
hay un desequilibrio en el destino,
un desequilibrio amargo
es sabor del bien y del mal.

Un vaso de licor embriagándome
y un mensaje quedando impreso,
así emprender aquel viaje sin regreso.

• IMBALANCE •

Endless emptiness, total darkness;
everything without knowing, is inside me.

A river fills my heart,
going through my lips, loves you without reason;
a sky that unfolds the infinite,
and a world full of conflict.

A trip without return, undertakes the end
of a selfish world of confusion,
breaking all schemes without solution.

Today your pale, cold hands,
that in the past scratched my skin,
push away the passion of my heart.

Silence breeze and a multitude, paralyzes me;
my mind even remembers your laughter.

Dozing in the balance of life
there is an imbalance in the destiny;
a bitter imbalance,
a taste of good and dark.

A glass of liquor intoxicating me
and a message imprisoned;
our life, a trip without return.

• DE LOS MALDITOS •

Seres despreciables como insectos,
viven al acecho de lo pulcro y lo refinado;
su intransigente mundo de malevolencia
rebosa los espíritus de dolor y odio.

Impacientes por devastar sueños y pasiones
sus entrañas se carcomen entre sí,
amordazando sus oscuros cuerpos
y enlazando sus almas con el fatal final.

Al sentenciar cada mundo por su creador,
los hombres con alas en los hombros
inexpugnables se rebelan jubilosos
ante su enemigo, quien ya había muerto.

Solo olvido para los hirsutos seres
e inevitable desentendimiento
por sus innumerables leyes de injusticia.

El inmarcesible mundo del bien
despierta a un nuevo periodo
donde los hombres que vuelan, dominan.

• OF THE DAMN ONES •

Despicable creatures like insects,
live looking for purity and refined souls;
their intransigent world of malevolency
overflow spirits with pain and hate.

Impatient to devastate dreams and passion,
their entrails are eaten away between each other;
lets tie their dark bodies
and connect their souls with the fatal end.

Lets sentence their world and creator,
us, men with wings on the shoulders
will conquer jubilant, as rebels
our enemy, who will die.

Forgetfulness for the hirsute beings
and inevitable ingratitude,
for their innumerable laws of injustice.

Imperishable world of goodness,
awakes to a new period,
where us, men with wings, dominate.

• MAS ALLÁ DE LA BOTELLA •

Cuando la noche cae y la felicidad muere,
nace el sentimiento humano del recuerdo;
una copa tras otra y despertamos
a la realidad en que vivimos.

Una copa tras otra y soñamos,
libres como el alma de un niño
nos bañamos en el mar del dolor y el recuerdo,
vemos nuestra vida en segundos pasar.

Cuando la noche cae nos embriagamos,
en medio de dolor y confusión
levantamos la mirada al infinito
y despiertos seguimos soñando.

Más allá de una copa y otra,
el niño que yace dentro de cada hombre
grita injusticias y maldades,
que lo hacen morir en un cuerpo ajeno.

Cuando la noche muere y despierta el niño,
ve el reflejo propio del ser cruel;
libra en su interior una interminable lucha
y así continua su arduo camino.

• BEYOND THE BOTTLE •

When the night falls and the happiness dies,
the human feeling of remembrances is born;
a glass after another and we wake up,
to a reality that we cannot escape from.

A glass after another and we dream,
free as the soul of a child;
we bathe in a sea of pain and memories,
and we see our life flash back.

The night falls intoxicating us,
in the middle of pain and confusion,
we raised a glance to the infinite
and wide-awake we continue dreaming.

Beyond a glass and one more drink,
the child who lies within each man
shouts injustices and evil,
that makes him die in someone else's body.

The night dies and wakes up the boy,
who sees his own reflection of a cruel person;
starts in the entrails as an endless fight
and like so, continues his arduous way.

• LA SOMBRA DEL AMOR •

Las tinieblas de todo amor
invaden despiadadas el corazón;
desahuciando la razón
y rompiendo todo aquello que se ganó.

Ahogado por este dolor
se quebranta el corazón,
echando al olvido su más grande ilusión.

Consumido ya todo
se llega al termino del vivir,
la gran sombra desde las tinieblas
llama al final y es solo el morir.

En el limbo descansas,
preguntando el porqué del fatal destino;
o si la gran sombra te detuvo.

En la tumba un corazón,
en la vida una desilusión;
tu alma replica la injusticia
del porqué la sombra en el amor.

Sin mirar atrás,
la luz una esperanza nos da,
el amor como el fénix de las cenizas arderá.

El combate entre luz y oscuridad continua,
Caminos de fuego y helidos vientos al caminar
tan solo una verdad será la salvedad.

• SHADE OF LOVE •

The darkness of love
invades savage the heart;
rejecting the reason,
shatters everything that we have gained.

Drowned with pain,
my heart breaks,
losing the greatest illusion.

Everything already consumed
comes to the end of life,
the great shadow of the darkness
calls to the end and is only death.

In the limb you rest,
asking for a reason, why the fatal destiny?
asking, why the dark shadow stopped you?

In the tomb there's a heart,
and in life a disappointment;
your soul tells the injustice,
the reason of a shadow in your love.

Without looking back,
light gives us a hope,
love as a phoenix, from ashes burns.

Combat between light and darkness continuous,
rings of fire and glacial winds
and only the truth will be our salvation.

• AMOR DE MI VIDA •

I
Una oscuridad sin razón,
donde cayó mi alma
y mi corazón.

II
Soledad y temor,
lo que sintió mi ser
y todo mi amor.

III
La vida,
se burlo un día
causando gran ironía.

IV
Todo lo creí soñado,
pues nuestros caminos
parecían haberse separado.

V
La luz al brillar,
las tinieblas ha de borrar
mostrando un sueño realidad.

VI
Después de solos sufrir
y de habernos anhelado,
nuestras vidas al amor han retornado.

• LOVE OF MY LIFE •

I
Darkness without reason,
is where my soul
and my heart, have fallen.

II
Loneliness and fear,
is what my soul
and my love felt.

III
Life,
laughed one day,
causing great irony.

IV
What I believe, was just a dream,
because our ways
have inevitable separated.

V
The light shining,
erase the darkness;
showing the real dream.

VI
After suffering alone
and missed each other,
our lives return to love.

VII
Mi camino a tu lado
todo el tiempo ha estado,
amándote sin ver ese pasado.

VIII
Toda la vida estaré a tu lado,
como un águila vigilándote
como una paloma amándote.

IX
Ante el cielo y la tierra
haremos nuestro juramento . . .
. . . permanecer juntos todo el tiempo.

X
Ángeles abrazados,
cantando y bendiciendo
nuestro amor sagrado.

XI
Amor verdadero el nuestro
que en empeño
todo lo ha puesto.

XII
Amores y pasiones
me has dado (y no lo olvido)
por eso todo lo mío te brindo.

VII

My path on your side
all along has been,
loving you without looking back.

VIII

All my life, on your side will be,
like an eagle guarding you
like a dove loving you.

IX

Before sky and Earth
we will make our oath . . .
. . . forever remain together.

X

Angels embraced,
singing and blessing
the sacred love.

XI

True love
the one that with persistence,
puts everything right.

XII

Love and passion
you gave me (and I won't forget)
for that reason I give you everything.

XIII
Mi amor,
a los cielos
te hará llegar.

XIV
Mi pasión,
te hará rebosar
de alegría y emoción.

XV
Y la promesa aquí no termina,
seré solo y todo tuyo,
como tú eres solo y toda mía.

XVI
Por ti permaneceré en la vida
adorándote día a día.
Y esta carta es para ti,
una confesión de amor hecha poesía.

XVII
Recuerda que por toda la eternidad
serás el amor de mi vida.

XIII
My love,
beyond the sky
will take you.

XIV
My passion,
will make you overflow
with joy and love.

XV
And the promise does not finish here,
I will be simply all yours,
as you will be simply mine.

XVI
For you I will remain with life
adoring you, day by day;
This letter is for you,
my confession, poetry of my love.

XVII
Remember, through eternity
you will be the love of my life.

• UN SALTO AL TIEMPO •

Tu cuerpo junto al mío
sumergido en una pasión
de un gran sentido.

Tu cuerpo y el mío
que en las noches se entremezclan,
haciendo un desafío,
al tiempo, que ni siquiera es mío.

Entre sábanas mojadas
nuestros cuerpos se juntan y se aman
se besan y se desatan
se acarician y se desgarran.

Para poder amarte esta vida
no me alcanza,
junto a ti quisiera estar
y para eso, un salto al tiempo
tendría que realizar.

Poco tiempo no nos gusta estar
pero por ahora
nos tenemos que conformar,
y cuando un salto al tiempo
hagamos realidad
juntos podremos estar.

• A JUMP TO THE TIME •

Your body next to mine,
immerse in passion
of great sense.

Your body and mine,
in the nights fuse themselves,
making a challenge,
to the time, that is not even mine.

Between white, soft sheets,
our bodies are joined and loved;
a kiss and we are lost,
a touch that reaches my soul.

To be able to love you
this life is not enough,
next to you I wanted to be;
for that, a jump to the time
I will have to make.

Short time we don't like to be,
but so far we must
and conform ourselves;
when a jump to the time
we make come true,
together, forever, we will be.

• DIOS DEL SUEÑO •

Soy señor todo poderoso
del mundo que a mi pertenece;
el sueño que en mi crece
es el fin de lo doloroso.

Mi mirada va iluminando
aquella feliz sonrisa
que en tus labios se va dibujando,
uniéndonos por siempre en la brisa.

Despierta y tómame;
el embrujo desaparece,
cuando el fuego arde en el pecho
y el sueño une nuestros pensares,
la fantasía y la realidad es el contraste.

Iremos a nuestro reino
y fundiremos nuestras almas;
seremos dueños y señores del todo
reinaremos el destino a nuestro modo.

• GOD OF DREAMS •

I am all powerful lord
of the world that to me belongs;
the dream that grows in me
is the end of all pain.

My glance illuminate
that happy smile,
that your lips have drawn,
and interlaces us in the breeze.

Wake up and take me now;
the spell disappears,
when the fire burns in the chest
and the dream unites our thoughts;
fantasy and reality are our aim.

We will go to the kingdom
and fuse our souls;
we will be owners, absolutely lords
and will rein destiny our way.

• LA VIDA
ROMANCE DE PASIÓN •

Recorriendo la vida,
con la esperanza perdida,
encontré un amor, una ilusión,
la que inevitablemente se robo
mi corazón, mi alma y mi pasión.

Vivimos unidos
por un amor muy grande,
elevándonos por los cielos
donde no hay seres helidos,
podemos amarnos, mirarnos,
podemos besarnos.

Sentir tu cuerpo florecer,
iluminado y radiante por la pasión,
quiero hacerte el amor . . .
sobre el agua, sobre nubes,
viendo tu cuerpo deseante,
sintiendo tu piel emocionante,
escuchando tu gemir excitante . . .
. . . entremezclados en el viento
poder amarte.

Romance de pasión es la vida
en la que contigo quiero caer,
caer y ahogarme embriagándome de pasión,
del amor de tu ser.

• LIFE,
ROMANCE OF PASSION •

Crossing life
with a lost hope,
I found love and illusion;
one that inevitably stole
my heart, my soul, my passion.

We live connected
by a great love;
we travel through the sky,
where there are no cold or evil;
where we can love, looking each other,
where we can kiss again.

Feel your body bloom,
illuminated and radiant with passion;
I want to make love to you,
on the water, on the clouds;
I want to touch your body,
feel your smooth skin;
listen to your exciting moan,
mixed with the breeze
and be able to love you again.

Romance of passion the life,
where I want to fall with you;
fall and suffocate, intoxicating my body,
with the love of your soul.

• CUANDO HALLA REGRESO •

Si algún día miras al cielo,
huye del infierno que en tu camino está;
corre por los altos valles mirando con recelo,
y fingiendo una irónica sonrisa vuelve al cielo.

El aliento de mi sonrisa te acaricia,
deja atrás este mundo de malicia;
goza de mi divino poder
y vuela libre junto a mi ser.

Mira hacia el cielo juzgando el amar
y fúndete con un beso en mi interior,
al final morir cayendo al mar
y ahogarnos en el licor del final.

• WHEN WE FIND RETURN •

If someday you look to the sky,
fly away from your hell;
run through high valleys looking with distrust,
and with an ironic smile return to the sky.

My lips, my smile, touches you;
leave behind this world of evil,
and enjoy my divine power,
fly free, next to my soul.

Judging our love, look towards the sky
and fuse yourself in my heart with a kiss;
at the end, die falling into the sea
and drown in the liquor of our love.

• EL SECRETO OCULTO •

Reina de los aires
da tu vista a la tierra,
buscando el brillo del territorio
que desde siempre te acompaña.

Abre tus ojos oh mi reina,
y abraza con tus cálidas alas
la ilusión real del destino,
que une este cielo y la tierra.

Noche de silencio
para las tímidas mentes,
y noche de fuego
para las tímidas almas.

Los pasos de los fieles
fundirán el interior ardiente,
estallando el fuego de ángeles
que se entrelazan en tu mente.

Abre tus ojos oh reina
da tu vista a la tierra mi reina;
devuelve al triste mundo su ego,
no mas noches de silencio y de fuego.

• THE HIDDEN SECRET •

Queen of the air
give your sight to Earth,
look for the brightness of the territory
that always accompanies you.

Open your eyes, oh my queen,
and embrace with your warm wings
the real illusion of the destiny,
that unite sky and Earth.

Night of silence
for the timid minds;
night of fire
for the timid souls.

The steps of the faithful
will fuse the ardent interior;
burst the fire of angels
and interlace them in our mind.

Open your eyes, oh queen,
and give your sight to Earth;
give back to the sad world its ego,
no more nights of silence, chaos and fire.

• NI TITULO NI NADA •

Un día mas he estado aquí,
he inevitablemente me iré
buscando algo que pertenece
al pasado de mi presente.

Siento vacio mi mirar,
y no quiero desperdiciar la vida
al aire que contamina mi respirar,
soy un ser en la ruta perdida.

El hoy y el ayer me abrazan,
el dolor y la soledad me amordazan;
desvanece la nube gris del destino
que la vida cruzo en mi camino.

Solo espero no caer en amnesia
para no morir sin una caricia,
el mundo dueño de sí
te abraza y te amordaza . . .
. . . el héroe al final la gloria alcanza.

• NEITHER TITLE NOR NOTHING •

Another day and here I am,
but inevitably I will leave;
will go looking for something
that belongs to the past of my present.

Now my sight, a blur, now emptiness;
I don't want to waste my life
with air that poisons my breath;
I am a soul, lost in the highway.

Both, today and yesterday embraces me,
pain and loneliness gagging me;
the gray cloud vanishes from the sky,
the cloud that was crossed in my life.

A hope not to fall in amnesia,
and not to die without a touch;
the world, owner of himself
embraces and gags you,
but the hero at the end, reaches the glory.

• ATARAXIA •

La vida humana sigue su arduo camino
traspasando barreras ardientes y punzantes;
hombres y mujeres son atrapados
por laberintos y recintos perturbados.

El perro cancerbero obstruye la libertad
y simplemente perdidos en el más allá,
los abstiene de placeres y de vinos
transformando sus lánguidos cuerpos.

El hado se torna púrpura fallecido;
hombres y mujeres llenos de escepticismo
lloran el horror de sentimientos desconocidos,
abrazándose a la fuga infinita.

Atemorizados entre ellos mismos
se devoran como chacales hambrientos;
la vida humana sigue su arduo camino
y en ella, hombres y mujeres
nacen y mueren cada día.

Humanos y animales, hombres y mujeres,
todos pertenecientes al reino de la tierra
se fulminan sin sentido y ni razón,
sus sentimientos ya son cenizas sin corazón.

• ATARAXIA •

The human life follows its arduous way,
trespass ardent and sharp barriers;
men and women are trapped,
in labyrinths and insane enclosures.

The severe dog obstructs the freedom
and we are simply lost beyond this world;
it abstain us from pleasure, wines, freedom
and transform our languid bodies.

The fate turns into purple death;
men and women full of scepticism
cry the horror of unknown feelings,
embracing themselves to the infinite trip.

Frightened to their bones,
devour themselves, like hungry jackals;
the human life follows its arduous way
and in it, men and women,
are born and die every day.

Humans and animals, men and women,
all belong to the kingdom!
senseless is killing one another;
their feelings are ashes without heart.

• EL PERFUME DE LA ROSA •

Amanece el año del despertar,
brillando el aroma en los labios
del ser que desea conquistar.

Cruzando por entre oscuras sendas
divisa una luz lejana,
ofreciendo un nuevo color otoñal.

Dos miradas encontradas al sol,
cautivan cuerpos ardientes
que despiertan el plácido calor.

Dos miradas encontradas en la noche,
que en armoniosa serenidad
se unen en totalidad.

El respirar palpita primaveral
enseñando un camino fugaz
que pude viajar sin cesar.

Solo el destino permite el despertar,
acercando tu perfume juvenil al alma creadora
que con misterio te quiere conquistar.

• THE ROSE'S PERFUME •

It is the year, our dawn; wake up!
the aroma in the lips, like sunshine;
and someone wishes to conquer you.

Crossing through dark footpaths
looks for a distant light,
looks for a new autumnal colour.

Two sights found themselves in the sun,
captivating their ardent bodies,
awake now to the pleasant heat.

Two sights found themselves at night,
fusing themselves in totality,
harmony, serenity, in peace.

The heart beats sprightly,
showing a shiny path
that we can follow without stop.

Only destiny allows you to wake up;
the youthful perfume of the creative soul,
with mystery, wants to conquer you.

• CIELO SIN FIN •

Oscuridad al paso de las sombras,
oscuridad al caminar de tiempos inesperado;
el hombre verdadero se opaca al brotar las raíces
del extraño tiempo inesperado.

La maldad del averno se apodera
de toda naturaleza sublime.

El cielo sin fin se oscurece al paso de las sombras,
el benevolente camino va lapidando
la maldad del averno abriendo así un nuevo cielo.

Oscuridad y olvido para las sombras,
luz y verdad para el cielo aquel;
caminemos todos hacia aquella naturaleza,
cielo sin fin, cielo sublime.

El camino del eterno mal avernal
se apodera de corazones y mentes humanas,
la luz de la verdad marchitara la maldad.

Solo dos caminos quedan al final,
y solo uno hacia la verdad;
mira atento al cielo y descubre su majestuosidad,
aquel manto que cubre tu humanidad.

Un camino a la verdad, un camino para llegar;
y solo uno te podrá de nuevo llevar
al inmenso cielo sin fin y salvar.

• ENDLESS SKY •

Darkness in the passage for the shadows,
darkness when suddenly we walk;
a true man, the roots appears like a blur;
unexpected and estrange is the time.

The ruthless of hell
seizes all sublime nature.

The endless sky, darkened by passing shadows;
the benevolent ways are shatter
and the ruthlessness hell opens a new sky.

Darkness and forgetfulness for the shadows,
light and truth for the sky;
let us all walk towards the nature,
endless sky, sublime sky.

The eternal way of the ruthless hell
seizes hearts and human minds;
the light of the truth, now faded in the sky.

Only two ways are left at the end,
only one towards the truth;
we kindly watch the majestic sky,
and discover the mantle of our humanity.

A way to the truth, a way to arrive;
only one will save us
in the immense of the endless sky.

• ESTADO TEMPORAL •

Vacío desesperado el que siente mi alma,
todo aquello que quise ser
hoy escapa implacable por mis manos.

El plácido sueño que creí libérrimo,
se transfigura en un arquetipo
de todo lo enfermizo y existente.

Atrapándome entre blancas paredes,
todo aquello que quise ser
se invierte tan solo en pesadez.

Al lado de una débil rosa
contemplo recuerdos que insaciables rebosan,
sueños y sentimientos exaltados.

Tan solo sus pétalos descoloridos,
aplacaran con bondad los dolores sufridos;
ahora lo entiendo todo, pero ya no lo soporto.

Ahora lo entiendo todo,
porque es un estado inevitable;
pero ya no lo soporto,
por que es temporal.

• TEMPORARY STATE •

Desperate emptiness, feels my soul,
everything what I wanted to be,
implacable escapes out of my hands.

A placid dream that I believe free,
transformed in a sickly archetype
of all existing things.

Trapped between white walls,
everything what I wanted to be,
turns into darkness.

Next to a weak, almost dead rose,
I contemplate memories, that insatiable overflow,
raising dreams, feelings from the past.

So weak it's faded petals,
appeased with kindness the pain;
I understand everything, but I can't tolerate it.

Now I understand everything,
everything is an inevitable state,
but I can't tolerate it,
because is just a temporary state.

• AMARGA REALIDAD •

Yo siendo un iluso pensé,
que esta amarga realidad llamada vida,
era en su totalidad
una historia fantástica y colorida.

Luego de mucho buscar y meditar
puedo ahora comprender,
que la vida es maravillosa,
como también es irónica.

El sarcástico mundo,
lleno de odios y amores esta,
de cosas que solo sorpresas nos da
y por eso nunca una razón nos da.

Razón que todo lo explique
realmente no sabemos,
y nunca comprenderemos
esta desagradable sazón.

Y por que sazón?
porque el mundo y la vida
son como una vieja olla de cocina,
en donde muchas cosas se mezclan
para así algo preparar,
y al final no se sabe que podrá resultar.

En aquel mundo, en aquella olla vieja
de todo se podrá encontrar,
cosas apasiguantes y armoniosas;
tal vez estén las aguas que nos amordacen
o los vientos que la libertad nos den

• ESTE MUNDO •

Mi mundo,
es un territorio
lleno de temores,
lleno de odios y amores.

Tu mundo,
un lugar donde
la maldad tiene su morada;
donde para ti la poesía
termina siendo una hipocresía.

Nuestro mundo,
un sublime espacio
para vivir y morir,
para llegar a amar y reír.

para poder seguir
y tratar de adelante salir;
pero no importa la preocupación
pues siempre en una cripta
terminara tu corazón.

• THIS WORLD •

My world,
a territory;
a world full of fears,
plenty of hate and love.

Their world,
dark place,
where evil has its dwelling;
where your poetry
ends up being hypocrisy.

Our world,
sublime space;
to live, to die,
to love, to laugh.

Keep on track,
try to carry on;
obsession, concern, fear . . .
your heart at the end,
in a crypt will rest.

• UNA NOCHE UNA ETERNIDAD •

Una noche en la que estaba solo,
una noche en la que te conocí.

Una noche y un amor,
todo empezó y no acabará.
el amor por toda la eternidad se quedará,
y la pasión toda la vida durará.

Una noche romántica
en la que nos amamos y nos entregamos;
amores y pasiones
hasta que ya no existamos.

Y aún después de esta vida
el amor continuaría,
encendido siempre estará,
tal como aquella noche
en la que todo empezó y no acabara.

Traspasando barreras y tierras
a los cuatro vientos seguirás,
el amor empezó y no acabará;
la pasión . . . una noche, una eternidad.

• ONE NIGHT AN ETERNITY •

One night in which I was alone,
one night in which I meet you.

One night and love,
everything began and will not end.
love by all eternity will remain,
passion all life will last.

One romantic night
in which we loved and gave ourselves;
love and passion
until we no longer exist.

Still after this life
love will continue,
an ignition will always be there,
just as that night,
in which everything began.

Trespassing barriers and lands
to the four winds we will go;
love began and will not end,
passion, one night, an eternity.

• SENTIMIENTOS Y PALABRAS •

Aparentemente similares
pero profundamente diferentes;
algo tan consistente y misterioso
me es imposible de plasmar y expresar,
con tan solo un par de palabras.

Sentimientos y palabras,
las dos a mi pertenecen,
las dos a ti estremecen.

Queriendo llegar a tu corazón
voy perdiendo la razón
y no encuentro palabra alguna
para amarte, para hacerte el amor.

Sentimientos,
los que deseo expresarte;
palabras,
algo de lo mucho con que quiero amarte.

• FEELINGS AND WORDS •

Apparently similar
but deeply different;
something so consistent and mysterious
is impossible to shape or to express,
with only a few words.

Feelings and words,
to my belong;
I will make you love.

Wanting to touch your heart
I am losing my reason
and I can't find any words,
to love you, to make love to you.

Feelings,
that I want to express you;
words,
something more to love you.

• EL HOMBRE MÁS FUERTE
DEL MUNDO •

La fuerza de su mente lo declara rey
y hombre poderoso intocable por desgracia;
victorias elevadas de orgullo le sonríen
abrazando su mundo de hierro es temido.

Batallas terminadas con la vista al horizonte
y alegrías compartidas con grandes aliados,
noches de vino tergiversadas al amanecer
descubren la realidad de seres desahuciados.

Victorias elevadas de orgullo le sonreían
abrazado a su mundo de hierro era temido;
momentos existenciales se vuelven cruciales,
desvaneciéndose sus guerreros y guardianes.

La fuerza de su mente declina impotente,
con botella en mano su corazón sangra
derramando lagrimas que al mundo cobijan;
con extraños sueños grisáceos de temor
se escucha en soledad la burla del creador.

Creador de sed insaciable
opaca el horizonte dejando caer implacable
la fúnebre brisa de la noche;
el rey temido era intocable.

• THE STRONGEST MAN
OF THE WORLD •

The force of his mind declares him king,
untouchable powerful man, unfortunately;
elevated victories of pride smiles at him,
embracing the iron-world, he is feared.

Battles finished with the sight in the horizon,
shares joy with great allies;
distorted nights of wine at dawn
discover the reality of evicted warriors.

Elevated victories of pride, smiles at him,
embracing his iron-world, he was feared;
existential moments becomes crucial,
vanishing soldiers and guardians.

The force of his mind declines impotent;
with bottle in hand his heart bleeds,
spilling tears that shelter the world;
with strange dark dreams and fear,
the ridicule joke of the gods is listened.

Creator, god, the ridiculous joke,
kills the horizon letting him fall;
only a funereal breeze at night;
the feared king was once, untouchable.

• DIOS DEL SILENCIO •

Despierto y el tiempo ha muerto,
me veo en la inmensidad de un vacío
y en la soledad del recuerdo.

Los anhelos afligen mi corazón
y mis labios se resecan
por la falta de pasión.

No encuentro la luz, no te tengo amor,
mi ser cae y grita de dolor,
estallando decenas de sentires sin compasión.

Al desvanecer mi alma,
sin musa, sin poesía quedaría
y el santuario mi morada seria;
pero el mundo iluminando mi ser
al dios del silencio hace caer.

Despierto y el tiempo ha vuelto,
el sol en el horizonte resplandece
y el siniestro pasado se desvanece.

Despierto y el dios del silencio ha muerto,
el mundo renaciendo abre sus ojos de nuevo;
en nuestro camino ya no hay desierto
y la poesía del santuario ha vuelto.

• GOD OF SILENCE •

Wide-awake and the time is dead;
I see myself in the immensity of emptiness,
and deep in the memory of past days.

The yearning afflicts my heart,
and my lips are dried
by the lack of passion.

I can't find a light, I can't find love,
my soul falls and cry in pain,
feelings that burst without compassion.

My soul is vanished,
and without muse, the poetry is dying,
the sanctuary is now my dwelling;
the world illuminates the path
and the God of silence makes it fall.

Wide-awake and the time has returned,
the sun in the horizon shines
and the wrecked past is vanished.

Wide-awake and the God of silence has died;
the new world open its eyes,
and our way no longer is a desert,
the poetry, to sanctuary has returned.

• NADA DE TITULO Y NADA DE NADA •

Estoy presente en tu lecho
y siento como a causa
de una rápida amnesia,
me sacas por completo de tu pecho.

Cansado de luchar
todo sale de mis manos
y se impregna en tu mirar.

Escapo pero no me voy de ti,
me escondo en el manto del cielo
y visito el saber del infierno;
mira como por la locura me voy yendo.

Muerte es antes del paraíso
y muerte es vida ante el mundo.

El cansancio invade mi mente
y veo como el mar cubre
los pocos sueños de vida,
clavando mi alma en una helida tina.

Sonrío ante la muerte
y mi mente aun pálida,
siente como la lluvia
inunda el camino del rey.

Te veré luego en mi estadía,
llevándote a mi reino
después de esta cruel vida.

• NOTHING OF TITLE AND
NOTHING OF ANYTHING •

I am still in your bed
and after an unexpected amnesia,
I see, I feel, I'm an exile;
you have take me out, completely of your heart.

Tired of fighting
everything escapes out of my hands
and no longer I see your eyes.

I escape but I'm still around,
I hide in the mantle of the sky
and visit the prison of hell;
you see me leaving in madness.

Death, before paradise
and death is life in the world.

Fatigue invades my mind
and I see how the ocean
covers the few dreams of my life,
nailing my soul in a gelid bathtub.

I smile to death
and my mind, still pale,
see, feels, I'm exiled,
the rain floods the kingdom.

I will see you soon in my dwelling,
taking you to my kingdom,
after death, after life.

• ODA A LA MUJER FANTASMA •

En las lluviosas noches de calma,
desnuda en tu lecho rebozas;
serena y ansiosa sueñas
con las entrañas de mi mundo alcanzar.

Como una estrella fugaz al cielo
te despides de ti misma,
y en una tormenta tu anhelo
como un rayo se clava en mi alma.

Desdoblada entre juegos y sueños
contemplas mi figura en la cama;
siento tu fuerza áurica al rededor
y despierto del sueño junto a tu amor.

Espectrales hemos de percibirnos
y como seres carnales debemos unimos;
tócame con tus caricias
que la noche empieza a morir.

Entre el cielo y la tierra todo nos rodea;
solo somos los dos,
solo es nuestro destino el amor.

Tu mujer fantasma que en las noches
penetras en mi con tu fuerza,
somos fuego y agua viajando por el viento
que en el destino triunfal volvió cierto.

Te amaré en las lluviosas noches de calma
y el fatal amanecer nos despide,
tócame con tus últimas caricias
que al noche se dejó morir.

• ODE TO THE GHOST WOMAN •

In the rainy nights of calm,
you lie in bed, undressed, vulnerable;
anxious and serene you dream,
reaching the entrails of my world.

As a fleeting star in the sky
you leave the world,
and in a storm, your fire
as a ray, nails my soul.

Unfolded between games and dreams,
you contemplate my figure in bed;
I feel your aura's force around
and I wake up of the dream.

Spectral we have to perceive ourselves
as sexual creatures we come together;
touch me with your skin
that the night begun to die.

Between the sky and Earth,
only the surrounding, only us;
and only love, our destiny.

You ghost woman who in the nights
crashes in me with your fire;
we are fire and water travelling in the wind
glorious destiny, we come together.

In the rainy nights of calm
the fatal dawn dismisses us;
touch me one last time,
that the night has died.

81

• ODA AL AMOR DE MI VIDA •

Tendría todo a mis pies,
pero en la continuidad de mi vida
nada más me importaría.

Fama, placeres y de mas
en mi mundo todo lo tienes,
oscuridad se tornaría sin ti.

Un ave gris traspasándome
alberga un sin fin de espasmos,
como en el infierno en el que estamos.

El amor de mi vida,
aquél transformando el mundo
en un paraíso sin salida.

En la inmensidad del cielo y el mar
dormita un gran amar,
despertando el deseo a tu llegar.

Comprobando la alegoría del vivir,
un infierno que se marcha como un ave
y un amor de grandezas sin fin.

En tu compañía y nuestra unión,
un destino azul en el corazón
y todo un mundo a nuestro alrededor.

• ODE TO THE LOVE OF MY LIFE •

I have everything I want,
but in the continuity of my life
nothing else matters no more.

Fame, pleasures and glory
in my world I have it all,
but now turns dark without you.

A gray bird trespasses me
a land of endless spasms,
like the hell in which we live.

Love of my life,
transforming my world,
paradise without exit.

In the immensity of the sky and the sea
awaits a great love,
wake up my desires when you come.

The allegory of living remains;
hell leaves like a bird in the morning,
nights full of endless love.

Your company, our union;
blue destiny in my heart
and a whole world just for us.

• ODA A LOS VIAJEROS •

Si tu rostro sonríe
te acompañaré,
el bien es nuestra parte.

Si tus ánimos van con el viento,
mi ser será parte de tu viaje;
el cielo espera por ti compañero
llega lejos y serás dueño del universo.

Si tu rostro sonríe
serás viajero en mi mundo,
y mi mundo será el pasaje al cielo.

Llega coronando el universo,
con tus pies firmes
y tus manos tocando el infinito,
viajaremos compañero.

Levantemos al infinito una mirada
para que el sol marque el momento
de la amistad que va creciendo.

Cruza el límite de la vida
que a tu lado estará la alegría
de seres que siempre acompañaran tu día.

• ODE TO THE TRAVELLERS •

If your face smiles,
I will go with you;
the wind is in our side.

If your spirit goes with the wind,
my soul will be part of your trip;
the sky is waiting for you, brother,
go far and you will own the universe.

If your face smiles,
you will travel in my world,
and my world will be the passage to the sky.

Come, conquer the universe,
with your foot firm on the ground
and your hands touching the infinite,
we will travel brother.

Raise to the infinite your glance,
so that the sun marks the moment
of a friendship that is growing.

Cross the limit of life,
and by your side joy will be;
the spirit of the wind goes with you, brother.

• LLANTO •

De mi mirar emana un sentir,
ese mismo que te hizo vibrar
pero que ahora te puede herir.

Lentamente, cristalino y puro
cae hacia lo profundo muy duro
y el mundo se va a recorrer.

Se mezcla con el fluir
de un pequeño manantial,
tratando de un pasado huir
pero a su amor siguiendo igual.

Lágrimas de amor que van fluyendo,
matando al odio y al rencor
que a nuestras almas van invadiendo,
lagrimas que también a nuestro amor van uniendo.

Aquellas lágrimas de dolor
que nos hacen olvidar
también nos hacen perdonar;
lágrimas de amor que hacen crecer el sentir
y para toda la vida nos han de unir.

• RAGE •

Emanates a feeling from my eyes,
the same one that made you shake
but now, it can hurt.

Slowly, pure like a crystal,
falls hard towards the deep
and to cross the world goes away.

Mixed into the flow
of a small spring,
tries to escape from the past
but stays faithful to his love.

Tears of love that flows,
killing hate and the resentment
that invades our souls,
with tears of love and rage.

Tears of pain,
that make us forget,
that give us freedom;
tears of love that let the soul grow
and for the rest of the days, get us closer.

• AMOR •

Hoy soy lo que un día no fui,
en un pasado no muy lejano
era yo de la vida un juguete;
para mi no existía belleza alguna
sino solo hasta que me estremecí.

Apareciste en mi vida
como lo hace el sol en las mañanas,
tu amor llena todo mi ser,
y tu compañía me hace crecer.

Siento una gran felicidad,
una felicidad reconfortante hasta para el alma
por eso deseo que te quedes hasta el alba;
eres mi sol y no quiero que llegue la noche,
eres mi inspiración y no quiero que llegue la calma.

• LOVE •

Today I am what one day I wasn't;
in a past not very distant
I was a toy of life;
to me beauty didn't exist
but only until you saved me.

You appeared in my life,
like the sun in the morning;
your love fulfils my existence
and your company makes me grow.

Feeling great happiness,
comfortable happiness, even for the soul;
I want you to stay till dawn,
you my sun, I don't want the night to come,
you my inspiration, I don't want the calm to come.

• DOLOR •

Con solo pensarte
veo lo que es invisible a la razón,
veo todo entre la mente y el corazón.

Al estar contigo vida mía,
siento todo lo maravilloso que hay
entre el amor y la vida.

Quiero embriagarme de ti,
hacerte mía y entregarte mi vida;
quiero amarte y vivir sin un fin.

Sábanas blancas sienten la pasión,
que entre juegos y caricias
nuestras almas unen con devoción.

Con solo pensarte
veo lo que es invisible a la razón,
veo todo entre mente y corazón.

Nuestras vidas siempre estarán unidas,
por este mundo y la vida;
el camino está lleno de sorpresas,
muchas de ellas llenas de dolor,
pero es el dolor del amor.

• PAIN •

Thinking of you
I see what is invisible to the reason,
I see everything between mind and heart.

Being with you my muse,
I feel all the wonderful things
between love and life.

I want to intoxicate myself with you,
make you mine and give you my life;
I want to love you and live without an end.

White sheets full of passion,
between games and caresses
our souls unite themselves with devotion.

Thinking of you
I see what is invisible to the reason,
I see everything between mind and heart.

Our lives always travelling
in this world and through life;
a path full of surprises,
many of them of pain,
but this is the pain of our love.

• DESEO •

Estando a tu lado
todo es maravilloso,
todo es increíble y posible.

El arte del amar me estremece,
me trastorna y me transforma;
estando a tu lado soy otro
y otro es mi pensar.

Mi pasión es una dulce llama,
una que no se extingue ni con la calma,
ni con el tiempo al pasar.

Deseo es mi sentir por ti
y por ti es que quiero seguir;
muchas sorpresas hay en la vida
y si algo me ha de sorprender,
que sea la inmensidad de tu ser.

Estando a tu lado
todo es maravilloso,
todo es increíble y posible.

Amor es una llama de vida
y deseo es mi gran sentir
que no será mas una puerta prohibida.

• DESIRE •

Being by your side
everything is wonderful,
everything is incredible and possible.

The art of love shakes me,
upsets me and transforms me;
being by your side, I'm another
and other is my thinking.

My passion is a sweet flame,
one that is not extinguished nor with the calm,
nor with the time when it goes by.

Desire is my feeling for you
and for you is why I want to continue;
many surprises are in life
and if something has to come,
let it be the immensity of your spirit.

Being by your side
everything is wonderful,
everything is incredible and possible.

Love is the flame of life
and passion is a great feeling;
desire, is not a close door any more.

• UN TERCER SUJETO •

Proveniente del tártaro
extraño ser nos llega,
para plasmarnos con su negra huella.

Ser de entrañas vacías
solo piensa en sus fines,
y realmente vano fue haberle enfrentado.

Un templo de siglos,
sumergido en su infernal cantar
declina ante aquel su deseo final.

Un soplo de sus pupilas
borró de ti las ansias
del querer legar al final.

Vastos llanos y pueblos desolados
dejó aquél malévolo ser,
que despiadado acabo nuestro querer.

Proveniente del tártaro,
de valles y pueblos desolados,
a otro mundo se marcha
para arrasarlo con su negra mancha.

• A THIRD SUBJECT •

Originated in the dark hell
estrange come to us,
to shape us with black dreams.

Monster with empty entrails
only thinks about its own aim,
really vain, was to face him.

A temple of centuries,
submerged in the infernal world
declines before the final desire.

A blow of his breath
erased your anxieties,
and makes hard to reach the end.

Deserted valleys and desolated towns,
the malevolent one leaves behind;
ruthless, is finishing with our feelings.

Originated in the dark hell,
estrange goes to valleys and towns;
marching to another world,
to erase temples with his black soul.

• MUNDO DE DEMONIOS •

No somos buenos
y siempre con nosotros han estado;
no somos malos
y sin entrar en razón nos han abandonado.

Nuestro mundo
a un hueco sin fin lo han arrojado;
todo de frialdad se ha llenado
y hemos llegado a odiarnos.

Dónde están
mis dioses del bien,
por qué nos han dejado?

Ustedes demonios,
seres del maldito averno,
por qué hasta aquí han llegado?

Por qué los tormentos
y no los momentos
de adoración y canto?

Mis señores,
mis buenos dioses,
dennos el perdón sagrado.

Vuelvan a esta su tierra
y despojen del mando
a estos demonio del llanto.

No somos buenos ni malos,
somos seres clamando
una tierra de senderos claros.

• WORLD OF DEMONS •

We are not good
and with us they have always been;
we are not bad
and without reason, they have left us.

Our world,
to an endless hollow has been thrown;
everything is filled with coldness
and we are starting to hate.

Where are they?
the good gods of Earth,
why have they left us behind?

There are demons,
creatures of the damn hell;
why have they come here?

Why the torments
and not the moments
of adoration and singing?

My lords,
my good Gods,
give us the sacred forgiveness.

Return to this your land
and stripped from the world,
these demons of the darkness.

We are neither good nor bad,
we are people crying out
for a land of clear footpaths.

• LA GENTE DEL EXTRAÑO MUNDO •

La gente extraña
hiere los ojos del cielo;
por su vulgar suspiro
llora el reino de la verdad.

Doblegados ante su demonio,
envuelven en un mar de fuego
las brillantes alas del alma,
muriendo en su pobre espacio.

La esencia de la vida
se tergiversa impotente
ante el abismo del infierno,
encerrándonos en un eterno deambular.

Dolor del alma,
como el otoño
cuando sus hojas caen
y el viento las arrastra indescifrable.

El extraño mundo y su gente mueren
ante la luz implacable del ser;
descanso para el enorme reino
y castigo para los demonios.

El silencio se apodera de todos
cuando la pureza fluye fuerte
y el verdadero jardín de luz
aplasta sus infernales cabezas.

Rompemos el lazo de dolor
y volamos apacibles al cielo,
donde descansan los largos pasos
de un camino incierto pero de gloria.

• PEOPLE OF THE STRANGE WORLD •

Strange people
hurt the eyes of the sky;
with their vulgar sigh
the true kingdom cries.

Standing before the demons
and surrounded in a sea of fire,
the shining wings of our soul,
die in a poor dwelling.

The essence of life
is distorted impotent,
before the abyss of hell,
locking us up in an eternal ramble.

The soul is in pain,
like the autumn
when the leaves fall
and the wind drags them indecipherable.

The strange world dies
with the implacable light of our souls;
rest for the enormous, dark kingdom
and punishment for the demons.

Silence seizes all
when the purity flows strong
and the true garden of light,
squashes their infernal heads.

We cut the rope of pain
and we fly peaceful to the sky,
where our memories will rest,
in the uncertain path, the way to glory.

• HIRSUTO •

Crueldad podría ser todo,
la vía rápida del vivir
conllevando al fin del camino.

Solo dejas de ser todo,
embriagado el sentido
se pierde en la curva del destino.

Solo tu puedes ser,
áspero solo viajabas
dejando atrás el recuerdo del amor.

Solo y nada más tu ser,
la gran vida no pudo seducirte
y el mundo por fin te arrastro.

En la curva del destino cayó tu ser,
la fría noche te arranco
y a tu alma triste la desvaneció.

Rebasando el límite del vivir
el amor te quemo,
hirsuto quien solo murió.

Crueldad embriagando el sentido
y desorbitándote en la curva del saber,
así el choque del destino queda cometido.

Recogiendo lo que nunca brindó
el trágico fondo le llamo,
enloquecido despertó en su caminar,
contemplando fugazmente
el fortuito encuentro con su fatal final.

• HIRSUTE •

Cruelty could be everything;
the fast route of living
take us to the end of the way.

Alone, you stop, you see everything;
intoxicating sense, body and mind,
you are lost in the curve of destiny.

Alone you can be,
rough you travel alone
leaving behind the memory of love.

Alone and nothing else but your tears,
the great life couldn't seduce you
and the world finally dragged you down.

In the curve of destiny your spirit died,
the cold night took you
and your sad soul is vanished.

Exceeding the limit of living
love burned you,
Hirsute who dies alone.

Cruelty intoxicate your senses,
and deceives you in the curve of knowledge,
the fatal crash in your destiny.

Gathering what was never offered
the tragic abysm called you,
driven you crazy, you woke up,
contemplating fleetingly
the fortuitous encounter with the fatal end.

• LA MIRADA DEL MAL •

La imposibilidad del movimiento
y la insaciable persecución
advierten un triunfo del mal,
horrorificandome hasta el soñar.

La caída involuntaria
al beligerante mundo del mal,
repite una y otra vez
el sabor amargo del fracaso.

El arrasador mundo castiga
por aquél inexplicable descuido
y aprisionando mi alma,
a tu ser levanto una mirada.

Una ilusión descubre mi soledad
y la burla del mal me invita al descanso,
en su morada infernal.

Una salpicadura de lágrimas
recubriendo mis vestiduras
y en una desequilibrante carrera
trato de traspasar la barrera.

La persecución del oscuro mal
va horrificando mi soñar;
solo un nuevo despertar es la prueba
del infalible destino de la verdad.

• THE EVIL GLANCE •

The impossibility of the movement
and the insatiable persecution
gives the darkness a triumph,
horrifying all my dreams.

I don't want to fall
to the belligerent world of darkness;
repeating over and over
the bitter flavour of failure.

The devastating world punishes
with an inexplicable negligence
and imprison my soul;
to your spirit, I raise my glance.

An illusion discovers loneliness
and the dark joke invites me to rest,
in the infernal dwelling.

A splash of tears
covers my clothes,
in an unstable race
I try to trespass the barriers.

The persecution of the dark demons
horrifies all my dreams;
only waking up is the way
of the infallible truth of destiny.

• OSCURIDAD CUANDO
PIENSO EN LOS SEÑORES •

He llegado a las frías cavernas,
ha llegado la estruendosa oscuridad.

Estás ahí, rígido y perpetuo;
malévolo y desquiciado momento.

Tus versos retumban en mi cabeza
y desgarran mi joven corazón.

Aplastante contra mi frágil ética
reposas en tu decidir.

Se pierde lo que nunca hubo
y los caminos como un abismo se distancian.

El frío y el deseo de huir me estremecen,
corro solo sin mirar atrás.

Escapando espero el pasado de mí borrar
pues me guiaste solo a un camino sin final.

Solo fue nuestro colapso,
solo fue nuestro destino.

Cuando pienso en los señores
me invade la fuerza y la totalidad.

En soledad contra la vida iré . . .
ahora no se si sobreviviré.

• DARKNESS WHEN I THINK ABOUT THE LORDS •

I have arrived at the cold caverns,
and the uproarious dark has come.

You are there, rigid and perpetual,
malevolent and disturbed moment.

Your verses resound in my head
and tear apart my young heart.

Overwhelming again my fragile ethics,
you rest between your decisions.

What was never there is lost
and our ways, as an abyss, are distanced.

The cold, the desire, escape, I'm shaking;
I run away alone without looking back.

Escaping, I hope to erase the past,
because you guided me to a dead end path.

It was only our collapse,
it was only our destiny.

When I think about the lords,
the force and totality invades me.

I'm alone and against life I go;
now I don't know, if I will survive this trip.

• PENSAMIENTO •

Mi única preocupación
en esta díscola vida
es el que llamamos amor.
¿qué hace un sentimiento como este
en esta mugrosa vida?

Solo espero que después de esta esclavitud,
que es el mundo de lo humano,
mi alma siga permaneciendo
en el sublime sentimiento del placer.

Porque lo único que verdaderamente
vale la pena en esta mugrosa vida
es el sentimiento sublime del ser.

• THOUGHTS •

My only concern
in this abrupt life,
is what we call love.
What is a feeling like this one,
doing in this miserable life?

I only hope that after this slavery,
called, the human world,
my soul remains
with the sublime feeling of pleasure.

Because what only and truly
worth the pain in this miserable life,
is the sublime feeling of our souls.

• LA NUEVA CIUDAD •

Ciudad del fuego, ciudad del silencio
ciudad llena e invadida de desprecio;
hombres, mujeres, ángeles e hirsutos
unidos y en guerras conviven juntos.

Me enferma su lengua,
me fastidia su presencia;
hombres, mujeres, ángeles e hirsutos
unidos y en guerras conviven juntos.

Un trago amargo su vida,
una pesadilla su mundo;
ciudad del fuego, ciudad del silencio
su camino es solo desprecio.

Utopía de ángeles y guardianes
esclavos de este mundo somos,
buscando desesperados mundos afines
solo caminando entre abismos estamos.

La nueva ciudad es perturbación,
ahora veo el camino y la verdad
humanidad de odios y desolación,
solo la muerte es la salvedad.

• THE NEW CITY •

City of fire, city of silence,
city full and flooded with chaos;
men, women, angels and hirsute souls,
united and in war coexist together.

Their language makes me sick,
their presence annoys me;
men, women, angels and hirsute souls,
united and in war coexist together.

A bitter drink is their life,
a nightmare their world;
city of fire, city of silence,
their path flooded with chaos.

Utopia of angels and guardians,
slaves of this world we are;
looking desperate for compatible worlds,
walking only between the abysses we are.

The new city is disturbance,
now I see the way and the truth,
a humanity of hatred and desolation,
a humanity, where death is the only salvation.

• LA VERDAD DEL MUNDO •

Por siglos hombres y mujeres
levantado plegarias al cielo han estado,
días y noches llenas de oraciones,
con la esperanza de un mañana han quedado.

Por siglos hombres y mujeres
sus miradas al cielo dejaran,
aguardando por señales y respuestas
que jamás llegaran.

Mucho mas allá del cielo
mucho mas allá del infinito,
donde la muerte y la vida se dividen
hay tan solo un desierto.

La verdad del mundo y sus males,
no hay respuestas, no hay señales;
tan solo una tumba en lo alto
donde su dios yace lapidado.

Por siglos se seguirán escuchando
hombres y mujeres a su dios rezando;
tan solo silencio en la brisa volverá
y su esperanza en el desierto se perderá.

Mucho mas allá del mundo
mucho mas allá del infinito,
donde cielo e infierno se dividen
hay tan solo un desierto.

La verdad del mundo y sus males,
respuestas y señales que jamás llegaran;
solo en lo alto una morada
la tumba de su dios que yace lapidada.

• THE TRUTH OF THE WORLD •

By centuries men and women,
have been raising pledges to the sky;
days and nights full of praise,
hoping with a new morning they are.

By centuries men and women
with their glances to the sky,
wait for signals and answers,
that never arrives.

Beyond the sky
beyond the infinite,
where death and life are divided,
there's only a desert.

The truth of the world is evil,
there are no answers, there are no signals;
only a tomb at the stop of the hill
where their God is buried.

Through centuries they will continue waiting,
men and women praying to their God;
only silence in the breeze comes back
and their hope in the desert is lost.

Beyond the world
beyond the infinite,
where sky and hell are divided,
there's only a desert.

The truth of the world is evil,
answers and signals that never comes;
only at the top of the hill a dwelling,
the tomb of their God, already dead.

• ESTADO •

(recuerdos del vivir)

En esta vida,
todo se gana, todo se pierde;
solo con la fuerza del querer
quien lo pudiera todo saber,
quién pudiera lidiar con el destino final.,

Solo una razón de vida y solo un querer,
y aunque la oscura soledad
sea el único escoger,
todo salvado quedaría ante la verdad.

Y aún en esta fría soledad,
el amor de mi vida
sin querer se desvanece.

El destino con su verdad se escabulle,
tan solo queda una tumba
en donde soñándote dormiré.

Un final indeseado quedaría
y la lucha con la vida perdida estaría;
inconsciente la vida hace perder la alegría,
de mis manos te desvaneces
y solo en mi cama tu recuerdo permanece.

Solo a tu corazón mis venas cortaré,
quedando un recuerdo que a ti pertenece
y un amor que inmortal
sin querer nuestras almas desvanece.

• STATUS •

(Memories of life)

In this life,
everything is gained, everything is lost;
only with the force of your soul,
you could acknowledge it all,
and fight your final destiny.

A reason in life and a single desire;
the dark loneliness
is the only choice,
to be saved before the truth.

And still in this cold loneliness,
the love of my life
against my will, has vanished.

The destiny with its truth escapes;
only a tomb remains,
where I will sleep, dreaming about you.

An unwanted end remains
and the fight against life is lost;
unconsciously, life loses the joy,
and of my hands you vanish again,
only in my bed your memory remains.

Only to your heart my veins I will cut,
leaving a memory that belongs to you;
a mortal love is left
that against our will, vanish our souls.

• ÚLTIMO DÍA •

Un momento para suspirar
frente a la escalera angelical,
mirando así el cielo estrellar
en un rincón sin espacio para soñar.

Un tiempo para llorar en locura
por un recuerdo íntimo y profundo
que escapa fugaz a la cordura.

Quedando unas horas para acariciarte,
con el dulce sabor del beso
recorro el pasado de la vida,
dejando hoy un alma herida.

Un día para sonreír en llanto
mezclado impotente en depresión
y abrazar tristes nuestro manto.

Un último momento de calor
que recuerda el tiempo de la verdad;
unas pocas horas para sentirte y buscar
aquella puerta a la eternidad.

• LAST DAYS •

A little while left
in front of the angelical stairs,
watching the stared sky,
in a corner without space to dream.

A time to cry in madness,
for an intimate and deep memory
that escapes fleeting to the insanity.

A few hours left to touch you,
and with the sweet flavour of a kiss,
we cross the past of our life,
leaving today, a wounded soul.

A day to smile in sadness,
mixed impotent in depression
and embrace sadly our mantle.

A few moments left of heat,
that remembers the truth of our time;
a few hours left to feel and to look,
for that door to the eternity.

• CRIMEN DE UNA NOCHE •

Llega silencioso tras su víctima,
oscuro es su interior
pues negro es su corazón.

Amordaza fuertemente tu hablar
impidiéndote hasta el poder respirar,
en la calle del horror sumergiéndote estás.

Una pisada en el alma
marca el destino cruel
que del pasado a su corazón fue.

Solo una esperanza da
la calle del horror,
un intento de morir con honor.

Un escabullirse y un ataque,
un intento y un desfallecer;
en el intento un último suspiro.

Un metálico frío en el vientre
disuelve la visión de tus ojos;
una noche en la que caes y mueres.

Un crimen con fin profundo
te atrapa en su mundo,
y al final una soga te abraza
envolviendo tu lívida y frágil esperanza.

• CRIME OF ONE NIGHT •

Comes quietly after his victim,
dark is his soul
and black is his heart.

Strongly gags your speech
and you struggle to breath;
in the street of horror, stuck you are.

A footprint in his soul,
marks the cruel destiny
of a past that was once his heart.

Only a hope stands
on the street of horrors,
an attempt to die with honour.

Evading an attack,
an attempt and a fall;
in the attempt, a last sigh.

A metallic cold in the stomach
dissolves the vision of your eyes;
one night in which you fall and die.

A crime with deep aim
drags you in his world,
at the end a rope embraces you
vanishing your livid and fragile hope.

• LLUVIA DEL 29 •

Postrado entre recuerdos lapidados,
veo tu imagen que ya desvanecida
deambula por entre pasajes
de amnesia y escépticos sofismas.

Cada noche de soledad y vino
das vueltas entre mi mente y mi cuerpo,
dejándome a la suerte
de cualquier viento que me arrastre.

Tu recuerdo en mi corazón muere,
se me olvida hasta tu voz
y solo la recuerdo por una grabación,
aquella que me diste cuando a mí
tu ser y tu cuerpo entregaste.

Parado bajo la insistente lluvia
siento que la vida no es igual a mí,
que pertenezco a un ayer que no se va
y a un mañana que no se si vendrá.

Postrado entre recuerdos lapidados
veo como tu imagen se desvanece,
marchándose hacia horizontes
en donde jamás mi ser te querrá volver a ver.

• RAIN OF THE 29th •

Prostate between stoned memories,
I see your image, already vanished;
I see you rambling among passages
of amnesia and sceptic sophisms.

Every night of loneliness and wine,
you spin between my mind and my body;
leaving me to the will
of the wind that could drag me.

The memory in my heart dies,
and I have forgotten your voice;
only remember your words in a recording,
the one you sent me
when your body and soul were mine.

Standing under the insistent rain,
I feel that life is not equal to me;
I belong to a past that doesn't go away
and to a future that doesn't come again.

Prostrated between stoned memories
I see how your image vanishing,
leaves towards the horizon;
after the rain, we won't meet again.

• EL FIN DEL CAMINO •

Todos llegamos,
como volando por el horizonte
al final del camino.

Tan solo el final
es la reconciliación con el existir,
la salvedad de que hemos vivido.

Olvidando el abismo de dolor,
salimos de la amnesia
que la cruel vida nos ha deparado.

Y no importa que la muerte
a tu puerta toque,
es la llegada de la eterna alegría.

Solo fuera de sí,
un último suspiro
te llevará a elegir tu lugar.

Un final de puertas,
y solo una con el cálido fuego
que te conduce a la verdad.

Quedando el amor y la pasión eterna
como la meta de tu final,
el objeto de tu loco caminar.

Salimos de la amnesia
cultivando nuestras almas
y partiendo al último lugar,
un destello de amor,
el fin donde eternas vivirán.

• THE END OF THE WAY •

We all arrived,
flying by the horizon
at the end of the way.

Only the end
is the reconciliation with the existence,
the salvation of which we have lived.

Forgetting the abyss of pain,
we leave the amnesia
that the cruel life has set for us.

And it doesn't matter if death
knocks on your door,
is the arrival of the eternal joy.

Only madness,
the last sigh,
will take you to choose your place.

An ending of doors,
and only one with the warm fire
that leads you to the truth.

Leaving love and the eternal passion,
the goal of your end,
the purpose of your mad path.

We left the amnesia
cultivating our souls
and departing to our last place,
a love sparkle,
the end where eternal we will live.

• JARDINES DEL ODIO •

Innumerables espacios malévolos hay
en la tierra de los hombres,
que atrapan y desgarran a la verdad.

Toda alma pura muere al nacer,
y todo corazón divino es arrastrado
al paupérrimo mundo del crecer.

El mundo de la carne es prisión
para aquellos amantes de la verdad,
para todos aquellos que son puros en realidad.

Los jardines del mundo mueren
y los patíbulos para el arte dionisiaco
se fortalecen con aquellos seres repugnantes también.

Condenados al derrumbamiento moral
luchamos contra el inexpugnable odio,
soñando en un mañana primaveral.

Solo el final y solo la muerte,
nos darán el boleto a la libertad
y del arte dionisiaco su realidad.

La música, la poesía y el vino
están al otro extremo de este mundo,
en el jardín vecino de lo divino.

• GARDENS OF HATE •

Innumerable malevolent spaces
the Earth of men has,
it catches and tears the truth.

All pure soul die when are born,
and the divine heart is dragged
to the very poor old world.

The world of flesh is a prison
for the lovers of truth,
for all that is truly pure.

All gardens in the world die
and the gallows of the Dionysus art,
are also destroyed by the repugnant people.

Condemned all morals and collapse,
we fight against the unconquerable devil,
dreaming with a spring morning.

Only the end and only death,
will give us the ticket to freedom
and to the reality of the Dionysus art.

Music, poetry and wine,
are in the other side of the world,
in the neighbour garden of the divine.

• DESVANECIENDO •

La soledad del santuario
quebranta la armonía espiritual;
el cuerpo enfermo agoniza
observando pálida su imagen.

El perfume de la última vez
se entremezcla punzante
con la crítica soledad.

Un viejo puente nos detiene
acercando la maldad a la mente,
y la luz se extingue confundiendo
aquellos pasos del largo camino.

Un lindo día para morir,
expirando el sufrir ansioso
que parte en dos aquella historia.

Un sin saber de la mente
envuelve la maldad pasada;
cruzamos el viejo puente
hacia la verdadera morada.

Sonreímos prevenidos al pasado
y caminamos juntos de nuevo,
cambiamos la página desvanecida
y recorremos nuevas sendas.

El mundo eternamente inmortal
se ve frenado sin morir,
el calor aumenta de nuevo
y todas las almas viajan juntas
a la luz del verdadero destino.

• VANISHING •

The loneliness of the sanctuary
breaks the spiritual harmony;
the ill body agonizes
observing pale its image.

The perfume of the last time
strange, is mixed
with the lonely night.

An old bridge stops evil,
form approaching the mind,
but the light is extinguished
confusing the footprints from the real path.

A pretty day to die;
end of the anxious suffering,
that splits in two our story.

The mind without knowledge
is surrounded by the dark past;
and we cross the old bridge
towards the true dwell.

We smile cautious at the past
and walk together again,
we turn the fainted page
and we find new footpaths.

The eternally immortal world
has survived and now returns;
the heat increases again
and all the souls travel together,
to the light of their true destiny.

• EL EXTRAÑO HOMBRE •

El gran señor y dios de la vida
sentenciado por los lacedemonios del averno,
deambula con forma humana por el mundo
entre ricos y pobres mortales.

Navegando por afluencias de norte a sur
descubre la verdad de su pasado;
transita por las vías del fuego y del caos
maldiciendo la sarcástica burla de su destino.

Solo una luz dorada en su camino
muestra el dulce sabor de la realidad,
amordazándolo en el malévolo mundo
que lo lleva a sufrir y morir por la verdad.

Un sin fin de aporías le recorren
enloqueciendo sus sentidos;
sus entrañas gritan tan fuerte
como la tormenta que sentencia al muelle.

Y cuando el sol se marche a reposar,
la gran deidad de la vida humana
tendido sobre el pálido césped gélido,
se habrá marchado para nunca regresar.

El gran señor y dios de la vida
consigo solo llevará la verdad
y aquel dulce sabor en sus labios,
de la luz dorada que lo guió a su morada.

• THE STRANGE MAN •

The great lord and God of life,
sentenced by the demons of hell,
wanders the world, in human form,
between rich and poor mortals.

Sailing through, from north to south,
discovers the truth of his past;
travels through the routes of fire and chaos
cursing the sarcastic joke of his destiny.

Only a golden light in his way,
shows the sweet flavour of the reality,
that gags him in a malevolent world,
taking him to suffer and die for the truth.

Endless issues crosses through him,
driving crazy his senses;
his entrails shouts as hard
as the storm that sentences the wharf.

And when the sun leaves to rest,
the great deity of human life,
lying on the pale frozen lawn,
will leave to never return again.

the great lord and God of life,
takes the truth with himself;
only the sweet flavour in his lips,
and a golden light, that guided him to his dwelling.

• EIKASIA •

Todos la tenemos,
todos la llevamos.

Los hombres en el mundo
esclavos de sí mismos están;
todos llenos de rencor,
todos invadidos por el odio.

Eikasia es amor, es locura
es algo que hacemos porque queremos.

Todos la tenemos,
todos la llevamos.

Yo quiero flores en mi jardín,
quiero tenerte a ti junto a mí.

Junto a ti para poder vivir,
para existir y seguir luchando
contra el odio y el rencor,
del mundo que olvido
lo que es el amor.

• EIKASIA •

We all have it,
we all carry it.

Men in the world
enslaved of themselves are;
all full of resentment,
all invaded with hate.

Eikasia is love, is madness;
is something that we do because we want.

We all have it,
we all carry it.

I want flowers in my garden,
I want you lying next to me.

Next to you, to be able to live;
to exist and to continue fighting
against hate and the resentment,
of a world that completely
forgot what love means.

• EL ÁNGEL NEGRO •

No escaparás a su divino manto negro;
traspasando el cielo y el averno,
cubre con el viento el pasado de tu lamento.

Con nuevas alas en tus hombros,
desprendes el calor de tus labios
y buscas para tu corazón refugio en otro lado.

Una visión del cielo
descubre una rosa en tu pecho,
pero la ironía en tu mente destruye todo nuevamente.

El mundo gris del lacedemonio
desmaya la belleza en tu alma
y siembra el terror en tu interior.

El ángel negro desde el cielo,
tiende de nuevo el suelo
para que descanses en su océano azul.

Clavando la mirada en tu blanca alma,
descubre que ha sido duramente salpicada
en el pasado por crueles seres.

Libre y caminando por el mundo
desnudarás algún día la rosa de tu pecho
y volverás a volar junto al ángel negro.

La próxima vida por ti espera;
muere en mi divino santuario
y vive eterno en la nueva era.

• THE DARK ANGEL •

You won't escape to the divine dark mantle;
trespassing sky and hell,
covers with the wind, the past of your lament.

With new wings on your shoulders,
warm up your lips, your body, and your heart;
look for a safe place in the other side.

A vision of the sky,
discovers a rose in your chest,
but irony in your mind destroys everything again.

The gray world of demons,
vanish the beauty in your soul
and seeds terror in your interior.

The dark angel from the sky,
tends a safe ground again
and you rest in the blue ocean.

Looks deep into your white soul;
a girl has been hit, he discovers,
by cruel people in the past.

Walk through the world, free,
and someday, undress the rose of your chest;
return and fly next to the dark angel.

The next life for you is waiting;
die in my divine sanctuary
and live for eternity in a new era.

• UN REACCIONARIO OCULTO •

Con su sentido de amor por lo pasado
va solitario por entre el laberinto,
descubriendo y enfrentando lo humano.

Batallando contra seres del futuro
antepone su gusto por lo oculto,
por lo trascendental y del destino,
por lo sagrado pero no religioso.

Descubre la verdad en su mirar,
su destino en una pasión
y su vocación en su caminar.

En otro tiempo hubiese sido un dios
y hoy tan solo es uno más;
batallando contra lo modernista
lleva en su alma un toque helenista.

Amante del hermoso final sonríe,
vuela al lado de su verdad
y penetra al plácido mundo
de la divinidad.

Pocos sienten el sabor de la verdad,
pues son pocos los que realmente
rompen el hielo con el fuego de la divinidad.

• AN HIDDEN REACTIONARY •

With a sense of love, and a past,
he goes alone through the labyrinth,
discovering and facing humanity.

Battling against beings from the future,
puts first his taste for the hidden,
for the transcendental and the destiny,
for the sacred but not religious.

Discover the truth in his eyes,
the destiny of his passion
and the vocation of his path.

Formerly, he used to be a God
and today he is just one more;
battling against the modernist world
carries in his soul, a Hellenist touch.

Loving the end, beautiful he smiles;
fly next to the truth
and penetrate the placid world
of the divinity.

Only a few, feel the touch of the truth,
because there are only a few that really
break the ice with the fire of their divine souls.

• SONETO AL AMOR DE MI VIDA •

¿Te imaginas lo que eres para mí?
eres lo que con vida me mantiene
y eres lo que inspira mi vida a seguir,
eso eres y te pido que no me dejes.

Eres el viento que de ti me llena
y el agua que recorre mi cuerpo;
cuando pasas por mi me llenas de ti,
si te pierdo perdería mi vida.

Contigo llegó el amor y la verdad,
ahora el corazón tiene una ilusión,
amarte y desearte con gran pasión.

Como el agua el amor no acabará
pues en tu libertad me elegiste a mi
y nuestro amor no lo dejaré acabar.

• SONNET TO THE LOVE OF MY LIFE •

Can you imagine what you mean to me?
you are what keeps me alive,
and you are what inspire me to continue,
you are my everything, don't leave me.

You are the wind that fills me up
and the water that through my body goes;
when you go through me, you complete me,
if I lose you, I lose my life.

With you, love and truth has come,
now my heart has an illusion,
love and desire with great passion.

As water our love won't end,
because in your freedom you chose my
and our love I won't let die.

• SONETO A MI PATRIA •

Este pequeño mundo donde nací,
donde encontré el amor y lo perdí
y donde podré vivir hasta morir.

Los corruptos dineros quieren obtener;
¿Dónde están nuestros guías en el poder?
¿Adónde iremos todos a caer?

Por el suelo ante todos vas quedando
y dime porqué, solo por un codiciado querer?
perdidos y sin rumbo hemos quedado
pues a mis amigos los han matado.

Y es por ti maldita maldad
que a todos ya nos han invadido
y este problema sin solución
muertos nos dejará a todos en desolación.

• SONNET TO MY MOTHER COUNTRY •

A small world where I was born,
where I found love and I lost it,
and where I might live until I die.

Corrupt ones, money and power they want;
Where are the guides of the kingdom?
Where are we falling to?

On the ground, before all, we are left;
tell me why? because corruption?
lost and without course we are left
and our friends they have killed.

And it's because of you damn creatures,
everything is already consumed;
this crisis, at the end
will leave us all dead.

• EL HOMBRE QUE QUERÍA VIVIR •

Como un lobo solitario deambula
recorriendo pasajes de dolor y pena;
sobrevive ante el paupérrimo mundo
que insistentemente le conduce
al pensamiento del no saber que hacer.

Enfrentándose continuamente con la locura
dialoga día a día con la muerte;
el castigo divino que carga
sobre el cuerpo y el alma
le arrastra indescifrable al torrente de las almas.

Hombres y mujeres caen sobre su ser
como estacas envenenadas y ardientes,
conduciéndole solo a la soledad
en este paraíso infernal y maldito.

Como un lobo solitario muere
lleno de escepticismo y frustración,
enfrenta al enemigo quien es la misma soledad;
el mundo entero cae sobre su ser
como una áspera lluvia con todo su poder.

Preferiría ser más bien odiado por todos
pero es humano y el dolor se halla en su ser;
siente como el mundo le aniquila,
siente que día a día habla con la muerte
y que cada vez se hace más su amigo.

• THE MAN WHO WANTED TO LIVE •

As the solitary wolf wanders,
he crosses passages of pain and shame;
survives the very poor world
that insistently drags him,
with many thoughts full of madness.

Continuously facing madness,
day by day engages a dialog with death;
the divine punishment
dragging his body and soul,
indecipherable to a torrent of souls.

Men and women fall, and their bodies,
like poisoned, ardent stakes,
are leaded to loneliness;
is an infernal damn paradise.

The solitary wolf dies,
full of scepticism and frustration,
facing the enemy, sad and lonely;
the entire world falls on him
like a rough and powerful rain, a storm.

He would rather be hated by all,
he is only human and pain is in his heart;
feels as the world annihilates him,
feels that day by day he speaks to death
and that every time death becomes a closer friend.

• TIEMPO •

No importa el lugar,
no importa el tiempo;
te amaré siempre,
te amaré en todo momento.

En el día el sol nos llena de calor,
un calor muy cálido para acercarnos;
te amaré sin importar el tiempo.

En las noches bajo la luna y las estrellas
nos encontramos en un ambiente
muy romántico y muy mágico;
te amaré sin importar el momento.

Y la verdad es que a tu lado
no existen errados momentos,
y que al amor no le alcanza el tiempo,
tiempo que no es suficiente
y por eso no importa el momento.

Te amaré siempre
y te amaré todo el tiempo
sin importar el momento.

• TIME •

Doesn't matter the place,
doesn't matter the time;
I will always love you,
I will love you every moment.

In the day, the sun fills us with heat,
warm heat to approach one another;
I will love you, no matter the time.

In the night, under the moon and the stars,
we get in a special mood,
a romantic, magical atmosphere;
I will love you no matter the moment.

And the truth is, by your side,
there is no restless moments,
because love doesn't reach time;
time, that is not even enough,
I will love you, no matter the moment.

I will always love you,
love you through the existence;
I will love you, matter the time.

• SIN DISTANCIAS,
NI FRONTERAS •

Con nuestros cuerpos separados
nuestros ojos quedan vendados;
las fronteras de la madre tierra
nos han podido tener separados.

Las estrellas con su infinito manto celeste,
unen nuestras almas apasionadas
y sedientas por el exótico placer del amor.

Sin distancias para que nuestros cuerpos
se vuelvan a unir en lo sublime de la pasión;
sin fronteras para que nuestras almas
se entre mezclen y se fundan en un solo ser.

La gloria del destino florece
vislumbrando la luz de nuestro camino;
el amor y la pasión se unen
para que nuestros cuerpos se amen
y nuestras almas compartan juntas la eternidad.

La gloria de lo infinito florece
vislumbrando la luz de nuestro destino;
dos seres que se amarán eternos
sin importar distancias, ni fronteras.

• WITHOUT DISTANCES,
WITHOUT BORDERS •

With distanced bodies
our eyes are blind;
the borders of the mother earth
have separated us completely.

The stars with the infinite celestial mantle,
bring our passionate souls closer,
thirsty for the exotic pleasure of love.

Without distances, so our bodies
can become closer with sublime passion;
without borders, so our souls
can be mixed in a single one.

The glory of the destiny blooms,
a glimpse of light for our path;
love and passion get us closer,
our bodies can love again
and our souls can share eternity together.

The glory of the infinite blooms
a glimpse of light for our destiny;
two souls that will love themselves to the eternity,
without distances, without borders.

• PERDERTE •

¿Qué pienso sobre el perderte?
solo puedo decir,
que si así fuera
la vida nada valdría.

Nada importaría ya,
y todo seguiría como si nada.

Perderte es algo que mi corazón
no puede aceptar;
perderte es algo que la razón
no puede controlar.

Quiero estar cerca de ti,
juntos vivir el fuego de la pasión,
quiero sentir tu sensación.

Perderte es algo que mi corazón
no puede aceptar;
perderte es algo que la razón
no puede controlar.

• LOSING YOU •

What I think about losing you?
I can only say,
if I lose you
life would worth nothing.

Nothing would matter anymore,
and everything would be emptiness.

Losing you is something that my heart,
cannot accept;
losing you is something that the reason,
cannot stand.

I want you close,
live together with fire and passion,
I want to feel your body and your mind.

Losing you is something that my heart,
cannot accept;
losing you is something that the reason,
cannot stand.

• DEL AMOR Y EL DESEO •

Quiero vivir y quiero amar
solo a ti te quiero desear;
todas las cosas bellas
junto a ti las quiero pasar.

Estando a tu lado
soy otro y otro es mi pensar,
por eso no te quiero dejar.

Quiero estar junto a ti,
quiero hacerte el amor
por siempre amarte,
amarte sin fin.

Estando a tu lado
soy otro y otro es mi pensar
por eso te suelo desear.

Mi corazón no tiene razón
para dejar al tuyo abandonado,
por eso siempre estaré a tu lado.

Estando a tu lado
todo es maravilloso y demasiado hermoso,
por esa razón mi corazón
junto a tu tumba encontrara el reposo.

• OF LOVE AND DESIRE •

I want to live and I want to love,
only you, your desirable skin;
all beautiful things with you
I want to experience.

Being by your side,
I am another and another is my thinking,
for that reason I don't want to leave you.

I want to be with you,
I want to make love to you,
for ever close to you,
endlessly with you.

Being by your side,
I am another and another is my thinking,
and for that, I want you and I need you.

My heart hasn't got a reason
to abandon yours,
I will always be with you.

Being by your side,
everything is wonderful and beautiful,
and for that reason my heart,
next to your tomb will rest.

• EL JARDÍN DEL SUEÑO •

Estoy abrazado a tu mirada,
y siento como tu sonrisa
invade toda la brisa.

Sueña por un día
y déjate invadir por la luz
que te llenara de sabiduría.

Sueña por una noche
y fúndete en mi pecho
tendida desnuda en tu lecho.

Estoy abrazado a tu mirada
y sueño entre noches oscuras
como robarte tu bella alma dorada.

Si me miras levanta el rostro
y ve la luz de la vida
cómo se estremece por la caída.

Mira en las noches claras
tan solo el cielo con su espesor
y sueña con las vías del esplendor.

El jardín del sueño te lleva
al lugar de tu mente
para que un día juegues nuevamente.

• THE GARDEN OF DREAMS •

I'm embraced to your glance,
and I feel how your smile
invades the breeze.

Dream for a day,
let the light invade you
and fill you with wisdom.

Dream for a night,
fuse yourself in my chest,
and lay naked in my bed.

I'm embraced to your glance,
dreaming between dark nights,
how to steal your beautiful golden soul.

If you are watching me, raise your eyes
and see how the light of life
shakes us when we fall.

See through the clear nights,
through the thickness of the sky
and dream about the splendour way.

The garden of dreams takes you
to that place in your mind,
so that one day you can play again.

• NOVIEMBRE 14 •

En medio de la lluvia y del cielo gris
se postran imágenes enfermizas del pasado;
las tensiones corporales impiden la libertad
cegando nuestro espíritu de su verdad.

Las entrañas envenenadas por el infierno
nos arrastran a la destrucción
y al acto opuesto al corazón.

Dos caminos para una sola decisión;
sentado el cuerpo lucha por explotar,
atrapada el alma libra la maldad
de un mundo grisáceo y lleno de desigualdad.

Confusiones extrañas en días extraños
transfiguran el majestuoso poder interior
en acciones monstruosas propias del averno.

En medio de la lluvia y el cielo gris,
nace una flor en el corazón;
en medio de puertas y caminos
el alma se libera brillante de su raptor
y se alza de entre las turbias tinieblas.

Un día extraño como cualquiera
y una lluvia que muere eterna;
el fin de lo acabado se desvía
y caminamos con una luz de la vida.

• NOVEMBER 14ᵗʰ •

In the middle of the rain, a gray sky,
and sick images of the past, are prostrated;
tensions kills the freedom,
blinding our spirit from its truth.

The body, poisoned by hell,
drag us to the destruction
and to the dark path of the heart.

Two doors for only one choice;
our body, resting in limbo,
our soul, trapped by evil;
a grey world full of inequality.

Strange confusion and strange days,
transfigure the majestic inner power
in monstrous actions from hell.

In the middle of the rain, a gray sky,
and a flower is born in the heart;
in the middle of doors and paths,
the soul frees itself from evil
and it raises up through the cloudy darkness.

A strange day like any other one;
the freezing rain finally dies eternal,
the faded end is turned aside,
and we walk with a light through life.

• EUTANASIA VOLUNTARIA •

Un día despiertas y todo ha cambiado,
un día despiertas y caminas sin nada a tu lado.

La vida va sus ojos cerrando,
su ser vital y su cuerpo fatal
siguen el curso del camino mortal,
el placer y la fuerza se van marchando.

Desde el gran pinar de la colina
ve próximo el final del camino;
el lago para reposar y libre navegar
hacia el infinito del grande mar.

Un día despierta y todo ha cambiado,
un día despiertas y ves el mortal camino.

Contemplando vital la gloria
toca las puertas de su majestuosa tumba
y corre como un niño a descansar
en lo profundo y dominante del mar.

En el último acto se desvanece
y en su alma la vida decrece;
sonríe a la gloria de su grandeza
trascendiendo ante el mundo con fortaleza.

Un día despierta y todo ha cambiado,
su alma transformada en sangre
ahora recorre las venas del mundo.

• VOLUNTARY EUTHANASIA •

One day you wake up and everything has changed,
one day you wake up and there is nothing by your side.

Life goes, closing our eyes,
a vital soul and a dead body
following the course of the mortal way,
pleasure and hope are gone.

From the top of the hill
we see near, the end of our way;
a lake to rest and free to sail,
towards the infinite of the great sea.

One day you wake up and everything has changed,
one day you wake up and you see the mortal path.

Contemplating the glory,
we touch the doors of the majestic tomb,
running like a scared boy
we rest in the deep, dominant sea.

A last act and we vanish,
our soul, our life, decreasing;
we smile to glory at the end,
transcending to the next world.

One day you wake up and everything has changed,
our soul transformed into blood
now crosses the veins of the world.

• CUANDO SE MARCHE ELLA •

Si pienso en el pasado
¿qué puedo decir hoy?

Mira como el sucio mundo
cambia el camino del destino;
partiéndonos en pedacitos
y arrojándonos a lo incierto del abismo.

Si piensas en el verdadero pasado
¿que puedes decir hoy?

Mira el mañana de tu vida
y sigue pensando en tu corazón,
para así conservar una lívida ilusión
de un amor que nos lleno de pasión.

Si pensamos en nuestro pasado
¿que podemos decir hoy?

Un adiós que nunca esperamos
y un final que jamás deseamos;
pone en el camino el destino
una llama a nuestras almas.

No te preocupes por lo sucedido,
el futuro lo tiene solo el destino
y es aquél que podrá depararnos
un inmortal final o una crisis fatal.

Solo tu interior ve con el alma
el verdadero karma,
aquel que debemos terminar algún día
con esperanza en la otra vida.

• WHEN SHE LEAVES •

If I think about the past,
what can I say today?

We watch as the dirty world
changes the way of the destiny;
breaking us in small pieces
and throwing us to the uncertain abyss.

If you think about the true past,
What can you say today?

Watch the morning of your life
and continue thinking with your heart;
try to keep a livid illusion
of a love that filled us with passion.

If we think about our past,
What can we say today?

A good bye we never wanted
and the end that never wished for;
destiny puts on the way
a flame for our souls.

Don't worry about the past,
only destiny holds the future,
the one that will gives us
an immortal life or a fatal death.

you see with your soul
the true karma,
we must depart someday
with hope in the next life.

• LA PUREZA DE LOS DIOSES •

La verdad entre el cielo se halla,
entre la inconfundible luz celestial,
el sagrado rito inmortal esta.

Las artificiales luces del mundo
no penetran el espacio,
solo una nube gris las esconde.

El momento de la soledad
envuelve nuestros cálidos cuerpos
en un mar de simple incomprensión.

La verdad de la muerte
cubre el infinito de gloria,
elevándola al mundo de lo inmortal
como un solo ser desde siempre existente.

La nube gris muere con el sol
y abrazándote volvemos a vivir;
todas las luces del mundo humano
confundidas en las montañas
se apagan sin importancia alguna.

Los dioses con sus claras alas
viajan entre olas y vientos,
conducidos por el sentir ardiente
que ningún mundo puede fragmentar.

• THE PURITY OF THE GODS •

Truth is within the sky,
between the unmistakable celestial light,
and the sacred immortal ritual.

The artificial lights of the world
doesn't penetrate our space,
only a gray cloud hides the truth.

The moment of loneliness,
surrounds our warm bodies
in a sea, of simple lack of understanding.

The truth of death
covers the infinite with glory,
taking us to the immortal world,
like a single soul, always existing.

The gray cloud dies with the sun
and embracing us, we return to life;
all artificial lights of the human world
confused in the mountains,
impotent are extinguished.

The Gods with clear wings
travel between waves and winds,
lead by ardent feelings of fire
that no world can extinguish.

• YO UN AVE TÚ MI CIELO •

Eres mi cielo azul
y yo sólo soy
un ave que vive en tu corazón.

Eres quien me da bienestar,
quien me da la libertad
que nadie más me puede brindar.

Te he llegado a amar
como una gaviota ama el mar.

Me das todo y no te puedo dejar,
cuando el frio me llena
tu cálido sol me abraza con esperanza;
cuando solo me encuentro,
tu hermoso paisaje
me invita a volar por los aires
majestuosos de tu cuerpo.

No me dejes morir
en medio de esta tempestad,
en medio de este diluvio de perdición.

No me dejes escapar
porque nunca un ave como yo
volverás a admirar,
ni tampoco tus horizontes
volverá a cruzar.

• I'M A BIRD AND YOU MY SKY •

You are my blue sky,
and I'm only
a bird that lives in your heart.

You are who gives me welfare;
who gives me the freedom,
that nobody else can give me.

I have come to love you,
as a gull loves the sea.

You give me everything, I can't leave you;
when the cold fills my body,
your warm sun embraces me with hope;
when I'm alone,
your beautiful landscape
invites me to fly by the airs
of your majestic body.

Don't you let me die
in the middle of the storm,
in the middle of this deluge of perdition.

Don't let me escape,
because never a bird like me
you will admire again,
and neither your horizons
will return to cross again.

• CARTA A MI HIJA •

No te imaginas mi amor por ti
aunque no me conoces aun,
toda la vida por ti aguardando estaré.

Antología de amores te daré
lidiando por ti te protegeré . . .
igual lo sentirás pues me tendrás
a mi lado siempre en el camino estarás.

• LETTER TO MY DAUGHTER •

Not even you, could imagine my love for you,
although you don't even know me yet,
the entire life for you, I have been waiting.

Anthology of love I will give you,
loving you, I will protect you . . .
inevitable you will know, because you will have me
and by my side always in the path you will be.

• SE ACABÓ LA INSPIRACIÓN •

Cada palabra, cada sentimiento
que un día plasme sobre el papel,
es ya hoy solo un recuerdo
de todo aquello que expresó mi alma.

Cada suspiro, cada inspiración
ya del dolor y el caos se alejó,
ya del amor y la pasión se separó;
la verdad ha muerto para el santuario.

Ha sonado la última nota de la vida,
y se ha escuchado el último adiós;
aquellos seres sublimes del santuario
han partido para reinar en el más allá.

Y vivirán nuevamente, cada vez
que nazca una nueva verdad;
los seres eruditos y sublimes
son como el santuario: inmortales.

• THE INSPIRATION IS FINISHED •

Each word, each feeling
I have shaped on a paper,
and today is only a memory
of everything my soul ever done.

Each sigh, each inspiration
has moved away from pain and chaos,
from love and passion as well;
the truth has died for the sanctuary.

The last note of life has sounded,
and the last good bye has been listened too;
the sublime people of the sanctuary,
have departed to reign beyond this world.

And they will live again, whenever,
a new truth will be born;
only the erudite and sublime people
are like the sanctuary, immortal.

• ROMANCE NOCTURNO •

En el frío de la noche
entro como el viento en tu habitación;
contemplando la perfección de tu cuerpo,
un cuerpo hermoso y desnudo.

Estar junto a ti
es mi mayor deseo . . .
te deseo, te deseo.

Mi mano se desliza por tu piel
acariciando todo tu cuerpo;
tu cuerpo es hermoso, es delicado
es deseable y provocador.

Despiertas lentamente,
y besando tus labios
beso todo tu cuerpo.

Estar junto a ti
es mi mayor deseo . . .
amarnos el uno al otro.

Un amor embriagante el que nos enloquece,
el calor nuestros cuerpos funde
formando una sola persona.

Estar junto a ti
es mi mayor deseo . . .
un deseo ya cumplido.

Esta noche y cada una de las que me faltan por vivir,
estaré junto a ti amándote hasta el amanecer;
estar junto a ti . . . siempre será mi mayor deseo.

• NOCTURNAL ROMANCE •

The cold of the night, the wind,
enters in your room, in your bed;
contemplates the perfection of your body,
beautiful and naked body.

To be close to you,
in your room, in bed, your naked body;
my desire, you are my desire.

My hand, sliding through your skin
touching and feeling all your body;
your beautiful body, delicate and naked,
desirable and provocative.

Slowly you wake up,
and kissing your lips
I kiss all your perfection.

To be close to you,
in your room, in bed, your naked body;
my desire, love one another.

Intoxicating love drives us crazy,
and the heat fuse our bodies,
into a single perfect soul.

To be close to you,
in your room, in bed, your naked body;
my desire, already fulfilled.

Tonight and every night of my life
in bed, alone, loving you until dawn;
my desire, you are my desire.

• LA SILENCIOSA NOCHE DE MISTERIO •

Cuando el momento coincide
brilla incesante la aventura;
frases y miradas entre luces,
pasos encaminados al silencio de la noche.

Las tibias manos abrazadas
se enamoran de estrellas replicantes
y los labios chocan sonrientes
como las fuertes olas del mar.

Libres como gaviotas volamos
probando la dulzura del calor;
noche de silencio y de amor,
una unión de dos mundos en uno solo.

Los cuerpos entrelazados despiertan,
un sentimiento escondido nace
y los pensamientos juntos van
invadidos de miedo y deseo.

La noche muere con el tiempo
y junto a ella muere un saludo,
naciendo indeseable un adiós
que aleja los besos del cuerpo.

Con la mirada perdida en una copa
mis páginas sinceras te recuerdan;
el encuentro de una alegría
ahora es tristeza por la llegada del conocer
y la ya sabida partida del ser . . .

• THE QUIET NIGHT OF MYSTERY •

When the moment arrives,
shines incessant the adventure;
phrases and sights between lights,
steps towards the silence of the night.

The tepid hands embraced together,
falling in love with chime stars,
and your lips touch smiling, my lips,
like the strong waves of the sea.

Free as seagulls we fly,
tasting the sweetness of the heat;
night of silence and love,
a union of two worlds in one.

The interlaced bodies waking up,
a hidden feeling is born
and the thoughts together goes,
invaded with fear and desire.

The night dies with the time
and with it, a kiss dies too;
an undesirable good bye is born
taking away, the touch from our bodies.

With the glance lost in a glass,
my sincere page remembers you;
the memory of the joy,
is now sadness with the arrival of reality
and the sudden departure of the night.

• DESVIACIÓN DEL SUEÑO •

Imposibilitado por la caída
un cristal rompe el destino
desequilibrando el sentido del vivir.

Traspasas la barrera del fin
llegando al extraño día,
un intransigente dador de vida
arrebata el sueño de tu vista.

Pierdes y mueres
hallando un solo camino,
un río de sangre atravesando los labios.

Desvanecer total del querer
y un poder que cae ante las aporías;
un cristal de hielo te atraviesa
y solo te niega al destino.

Un cambio repentino transforma
la suerte conllevándote a la locura,
un río de sangre recorriendo sueños y deseos
nublando la esperanza del sentido,
dejando un cristal de hielo en tu camino.

• DEVIATION OF THE DREAM •

Shocked by the fall,
crystal ice breaks your destiny,
unbalancing the sense of living.

You trespass the barrier of hell,
arriving to the strange day;
an intransigent lord of life
snatches the dream out of your mind.

You lose and you die,
finding only one way out,
a blood river, that crosses your lips.

Feelings totally vanished,
power that falls before the dream;
crystal ice crossing your heart
denies your true destiny.

A sudden change transforms you
taking you to the madness;
a river of blood crossing dreams and desires,
dimming the hope of your heart,
leaving a crystal ice, deviation of your dream.

• LAGRIMAS DE CRISTAL •

Permanecía en tu cálido ser,
ilusionado, enamorado;
permanecía en ti como tu en mi corazón.

El impacto me perpetró,
mi corazón se destrozó
y mis sentimientos murieron
invadidos por el oscuro final.

Te irás como el sol en el ocaso
y podré vivir de nuevo;
mi corazón olvidará y de nuevo volverá a amar.

Todo te entregué
y sólo me has dejado;
ahora solo puedo olvidarte
y una lagrima dejarte.

Con el paso del viento
has de recordarme,
pues no existe otro ser que tanto te ame.

Me entregaré y sentiré,
te entregarás pero sola quedarás
y pensarás en el tiempo
cuando en ti mi alma habitaba.

Aunque en mi permanecerás
solo podrás de mi tener
esa lagrima de cristal,
que en tu corazón dejé caer.

• CRYSTAL TEARS •

I remain in your warm chest,
deluded and in love;
I remain in your mind, you are my heart.

The pain perpetrating me,
destroys my heart,
and my feelings are dying;
the dark end, invades my mind.

Leave, like the sunset in the evening
and I will live again;
a new start and I will love again.

Everything I gave you
and now, alone you leave me;
our live together is a past
and just a crystal tear our present.

With the passage of the wind,
you will remember the nights,
the touch, the love that no one will give you.

I will go and one day, I will love again;
you will go and one day, alone again.
just a memory today
our life together is a past.

In my heart you will remain,
the touch, the love that no one will give you;
the memories of our past
and just a crystal tear our present,

• AMOR DE MENTIRA •

En mi interior ardía el amor,
y tu pasión me quemaba el corazón;
tus llamas me llenaban de dolor . . .
. . . todo era una simple mentira.

Veo la cruel realidad
y quedando en esta soledad
ya no podré amarte hasta la eternidad,
el desierto de mentira en tu amor
desata un dolor en mi interior,
y mi alma ahora dormita
esperando un verdadero amor.

• FAKE LOVE •

Inside me there is an ardent love,
but your passion burned my heart;
your flames filled me with pain,
and everything was just a simple lie.

I see the cruel reality,
now I'm left in this loneliness
and no longer will love you for eternity;
the desert of lies in your love
untie pain and sadness in my spirit,
and my soul now dozes,
waiting for a true love.

• EL FUEGO ATRAPA LA POESÍA •

La oscura falta del alma
decolora la belleza del destino;
navegamos la ruta extraña
que desequilibra nuestros sentidos.

La mente al punto del estallido
se entrelaza al profundo dolor;
el momento equívoco del amor
en pedazos nos destroza.

Sin salida del laberinto
y perdiendo el rumbo de nuestro arte,
solo nos vemos desfallecidos
cayendo a tierra en llanto.

La rosa marchita, la poesía en llamas
todo nos confunde y transforma en arena,
y comenzamos a morir con el sol.

Tan solo únete a mi calor,
lo que nos perpetúa muere
y el resto lo llora el corazón herido;
el calor no es un fin sin comienzo,
únete a mí y navega desenfrenada.

La sorpresa y la confusión
aniquila el extraño laberinto
y volamos abrazados con los labios
a la ruta de la verdadadera sabiduría.

Abre tus ojos espléndidos
que el ciego trascender nos acaba;
abre tus ojos esplendidos a nuestro destino.

• POETRY ON FIRE •

The dark side of the soul
destroys the beautiful destiny;
we sailed the strange route,
that unbalance our sense.

The mind, at the point of outbreak
is interlaced with the deep pain;
the ambiguous moment of love
in pieces destroy our souls.

Without exit from the labyrinth
and losing the course of our art,
we realize our weakness,
falling to the ground and we cry.

A shattered rose, the poetry in flames;
confusion transforms us into sand,
and we begin to die with the sun.

Fuse yourself in my heat,
what perpetuates us dies
and the rest, the wounded men cries for it;
the heat is not an end without beginning,
fuse yourself with me and sail wildly.

At the end, surprise and confusion
annihilate the strange labyrinth;
we fly interlaced with a new hope
the route of the true kingdom.

Open your splendid eyes,
this blind world is killing us,
open your splendid eyes to the true kingdom.

• MUERTE EN EL MUNDO •

La espesa niebla cubre el horizonte
y nubla con su punzante miedo
sueños de hombres y mujeres,
la muerte traspasa las puertas del mundo.

Es tiempo de tomar el camino,
es tiempo de correr sin mirar atrás;
solo el final es tu único amigo,
solo la muerte acompaña tu sendero.

La desolación invade el mundo
al caer su oscura noche,
devastando seres y sueños sin vacilación.

Hombres y mujeres mueren en el camino,
tan solo desierto en sus corazones,
tan solo odios y traiciones.

La luz brilla en el santuario
y sus puertas se abren a una nueva era,
llenando de vida a seres y versos sublimes
que sagrados murieron en el mundo.

Tiempo de tomar el camino,
tiempo de caminar por el sendero;
solo el final es tu único amigo,
solo la muerte acompaña al nuevo clero.

• DEATH IN THE WORLD •

The thick fog covers the horizon
and dims with sharp fear,
dreams of men and women;
death trespasses the doors of the world.

Is time to choose the way,
is time to run without looking back;
the end is your only friend,
only death accompanies your path.

Desolation invades the world
when the dark night falls,
shatters creatures and dreams without hope.

Men and women die on the streets,
only a desert in their hearts,
only hate and treason.

The light shines in the sanctuary
and the doors, opens to a new era;
filled with life, mortal and sublime verses,
sacred die in the human world.

Time to take the lead,
time to walk the path;
the end is your only friend,
only death accompanies your way.

• EL FIN DE LA NOCHE •

Antes de dormir al final de la noche
siente la dulce caricia de un beso;
antes de que el frio del invierno
llegue tormentoso y te abrigue,
siente el tierno roce de un beso.

Los días al pasar traen consigo la soledad,
amordazando con el frio del invierno la libertad;
lléname con el calor de tu cuerpo
y bríndame un beso antes de dormir.

Los días al pasar se llevan mi libertad
y la nieve perpetua al dios-poeta;
antes de dormir al final de la noche
déjame sentir la dulce caricia,
de aquellos labios que no veré ya mas.

Al morir el día nace la soledad,
al nacer la noche muere tu libertad;
cientos de años pasaran
antes de que vuelva la verdad.

El invierno del viejo mundo cubre al dios-poeta
y la lluvia perpetua su vida y su ilusión;
antes de que duermas al final de la noche
bríndame una caricia para no morir en soledad,
bríndame tu roce para no perder mi libertad.

• THE END OF THE NIGHT •

Before sleeping at the end of the night,
feel the sweet touch of a kiss;
before the cold of winter
arrives stormy and shelters you,
feel the tender touch of a kiss.

The days goes by, bringing loneliness,
gagging the freedom with the winter's cold;
fill me with the heat of your body
and give me a kiss before you sleep.

The days goes by, taking my freedom,
and the snow perpetuates the God-poet;
before you sleep at the end of the night
let me feel the sweet touch,
of those lips, I might not see you again.

When the day dies, loneliness is born,
when the night is born, your freedom dies;
hundreds of years will go on,
before the truth returns.

The old winter covers the God-poet
and the rain perpetuates life and illusion;
before you sleep at the end of the night
touch me not to die alone,
touch me not to lose my freedom.

• CELESTE •

Luna y sol,
el cielo la vida azul,
noche miel del corazón.

Felicidad y dolor
temor y pasión unidos por el amor.

Tú mi luna que en las noches claras
me hipnotizas y me amas.

Con tu manto de estrellas
haces del tiempo las horas más bellas.

Yo tu sol,
brindándote mi cálido fuego
enciendo la llama de tu interior.

Abrigando tu alma,
te envuelvo en un primaveral amor
lleno de verdad y claridad.

Tú mi luna yo tu sol,
que en el claro día
nos entregamos con el soñar.

Tú mi dueña yo tu señor,
que en las noches calmadas
nos unimos y nos entrelazamos.

• CELESTIAL •

Moon and sun,
the sky the blue life,
night honey of the heart.

Happiness and pain,
fear and passion, together in love.

You my moon, that in the clear nights
hypnotise me and loves me.

With your star mantle
makes of the time, the most beautiful hours.

I'm your sun,
offering you my warm fire,
igniting the flames of your soul.

Sheltering your soul,
I wrap you in a spring love,
full of truth and clarity.

You are my moon and I'm your sun,
and in the vast clear sky
we fuse ourselves between dreams.

You my lady and I'm your lord,
in the calm nights
we interlace ourselves with fire.

Nuestras almas juntas,
con la dulzura de la pasión
inmortalizan nuestro amor.

El fuego de la verdad
ilumina el sendero real
de nuestro fiel caminar.

Our souls together,
with the sweetness of passion
will immortalize our love.

The fire of truth,
illuminates the real path
of our faithful walk.

• ADIÓS MI AMOR •

Tan solo cuando mis memorias caigan
y mi corazón al final duerma,
te despediré mi amor.

En el horizonte al final del mundo
se contempla mi frío lecho
y mi cuerpo inmóvil dormitando en él.

Una rosa tu recuerdo
sobre el verde césped de mi de lecho,
una rosa de amor y una espina en el corazón.

Sólo, frío y pálido
mi cuerpo aún recuerda
aquellos viajes de unión carnal.

Una visión del pasado
me estremece entre paredes,
mostrándome el tiempo dorado.

Abrazos que cálidos me llenaban,
despiden de mi ser
ese frío de la lluvia en el pasado.

Tus manos llenas de ternura
reconfortan mi larga estadía,
tapizando mi cuerpo con tus caricias.

• GOOD BYE MY LOVE •

Only when the memories fall
and the heart at the end sleeps,
I will say good bye my love.

In the horizon, at the end of the world,
my cold bed it's contemplated
and my rigid body, dozing on it.

A rose your remembrance
and on the green lawn,
a rose of love with a thorn for your heart.

Alone, pale and cold,
my body still remembers,
the trips of sexual connections.

Visions from the past
shaking me between walls,
shows me a golden time to come.

A hug filling me with warmth,
takes away tonight
the cold rain from the past.

Your hands full of tenderness
comforting my long stay;
cover me tonight with your touch.

Como las hojas que arrastra el viento
en el otoño que se marchito,
así mismo te despediré con un beso mi amor.

Una rosa de amor
y un recuerdo de pasión
que en nuestras almas habitó.

Like the wilted leaves in the park
the wind drags in the autumn,
I will say good bye my love.

The memories have fallen
and the heart at the end sleeps;
now, I kiss you good bye my love.

• SENTIMIENTO DESESPERADO •

Estando en un jardín maravilloso
la oscuridad y la soledad me invadieron,
un gran vacío parcial sentí
y tu amor perdido lo creí.

Desesperado por la situación
quise huir pero pensé . . .
tu amor no lo puedo perder
por eso volví y estoy aquí.

Con poemas y palabras de amor,
con el alma llena de ti
quiero hacerte volver a mí.

Con la única ilusión de amarte
con el único pensar en ti,
quiero tenerte junto a mí para adorarte.

Sólo, triste, desesperado
así me encuentro si no estoy junto a ti,
tu amor me ha llenado
y me ha enamorado.

Eres esa parte que me hacía falta,
te he dado mi amor, te he dado mi alma;
sin ti solo la muerte encontraría,
por eso perderte no podría.

• DESPERATE FEELING •

In a wonderful garden,
dark and loneliness surround us;
great emptiness I felt
and your love, I have lost.

Desperate moment,
I want to disappear,
but I can't lose your love;
I'm back, I am here.

Poems and words,
my soul missing you;
come back, I miss you.

With the only illusion of love,
with the only thought of you,
I want you next to me to adore you.

Alone, sad, desperate,
without you;
your love have filled me,
it has made me fall in love.

You are the one I need,
I give you my love, my soul;
without you only death I will find,
come back, I can't lose you.

Quiero que nuestro jardín
lleno de amor y dulzura siempre esté,
así la incertidumbre jamás volverá.

Quiero amarte, quiero tenerte,
eres mi vida, eres mi amor . . .
sin ti desesperado existiría.

I want a garden
full of love and dreams,
so the uncertainty will never return.

I want to love you, I want you here,
you are my life, you are my love . . .
come back, I can't lose you.

• SI ALGUIEN NO DA RAZÓN AMOR •

Si alguien no da razón del vivir
como explicar la posibilidad del existir?
cómo vivir un día,
cómo morir una noche.

Cómo vivir un día?
si tu sol se apaga luna mía,
cómo morir una noche?
sin un beso por la vida.

El recuerdo vuelve a tu tristeza
y tu corazón ardiente,
divulga en tu ser
esas ansias de volver a amar.

Si sol y luna se han unido por un día
podemos dar razón de vida,
jugando en el cielo claro
fundiéndonos en el tiempo más allá de la vida.

Con tus ojos en el día mírame
para que cada noche te fundas en mí de nuevo;
piensa en tu amor, piensa en nuestra vida,
da razón de nuestro amor, muéstrame tu alegría.

• IF ANYBODY DOESN'T GIVE REASON •

If anybody don't give a reason for living,
how to explain the possibility of the existence?
how to live one day,
how to die one night.

How to live one day?
my moon, your sun has extinguished;
how to die one night?
my moon, without a kiss in life.

Memory returns to sadness,
and the ardent heart
discloses with a tear,
the anxiety to love again.

If sun and moon, are united for one day,
we can give a reason to live,
playing in the clear sky
with the time beyond life.

Look at me with your eyes one day,
so every night we could be together again;
think about love, think about life,
give a reason of joy, show me your love.

• FILOSOFÍA PERSONAL •

El hombre supremo conoce su naturaleza
y la vía del eterno sonreír primaveral;
el dulce verbo cautivado eternamente
desprecia el dilema del conflicto.

Imagen brillante y espejos hipnotistas
atraen dominables momentos de acciones;
vibraciones atrayentes de letras puras
y deseos conquistadores se encierran.

Viajar en el viento de lo esotérico,
capturar el tiempo de realidades
y desatar mordidas de rosas
acostadas románticas sobre la piel.

Frases encadenadas de miradas retadoras
y finales de posible dolor sentimental;
olvido indeseable del destino en libertad
y un dilema que aceptar del continuar.

Pasos recorridos por diversos mundos
de pasiones y fugases roces retóricos;
vivencias caídas como lluvia y granizo
entremezcladas en letras de libertad
y ríos imparables de trascendencia.

• PERSONAL PHILOSOPHY •

The supreme man knows the nature,
the route of the eternal spring;
the sweet eternally captivated verb,
despises the dilemma of conflicts.

Shining images on hypnotic mirrors,
attract dominant moments of passion;
attractive vibrations of pure words
conquer desires, locked in my heart.

Travel with the esoteric wind,
and capture the time of realities;
collect the wasted roses,
that lay down romantically on the skin.

Chained phrases, challenging glances,
a possible end of mixed pain;
undesirable forgetfulness of the destiny,
a dilemma of acceptance to continue.

Steps crossed through worlds,
passion and the rhetorical touch;
fallen experiences as rain and hail,
mixed, in letters of freedom
unstoppable, like majestic rivers.

El hombre supremo conoce su naturaleza
y revela su misterio en espejos y estallidos
tradicionalmente sujetos al ritmo interno;
el hombre es espiritualidad de sueños
y musicalidad animal concebidos por siglos.

Vivir y soñar entre el bien y el mal
de instantes de regocijo y placer;
el mañana despierta a tu lado
colmado de fuerzas del cielo y del infierno.

The supreme man knows the nature,
revealing mystery in mirrors and outbreaks
traditionally subject to destiny;
spirituality of dreams
animal music, conceived by centuries.

Live and dream, between moments
of rejoicing and pleasure;
a morning wide-awake by your side,
overwhelm the forces of sky and hell.

• PETALOS EN LA CAMA •

Como el frío entrando al nido
las pasiones entran en el corazón;
el contacto de nuestros labios
desencadenan el fuego del amor.

El contacto de nuestros labios
un beso fundido en pasión;
el cálido fuego del amor
entremezcla nuestros cuerpos.

Entro en ti y te unes a mi;
el beso que recorre tu cuerpo
seduce tu corazón y el destino
y así nuevamente te une a mí.

Florece el gran sentido del ser;
la miel en los labios
y el cuerpo en nuestra piel,
desgarramos el lecho de pasión.

Tu cuerpo junto al mío floreció,
un beso la más bella expresión
del dulce y puro ser
que derramo nuestro amor.

• PETALS IN BED •

As the cold enters the nest,
passion enters the heart;
the contact of our lips
released the fire of love.

The contact of our lips,
a kiss fused with passion;
the warm fire of love
mixes our body, our skin.

I'm here, we are together;
the kiss that crosses your body,
seduces your young heart,
and you are close to me again.

The great sense of the soul blooms;
honey on the lips
and the body, our skin;
we tore the passion in bed.

Your body next to mine blooms,
a kiss the most beautiful expression
of the pure and sweet world,
that lights our love.

• UNA VIDA COMO NINGUNA •

La vida,
todos tenemos una
pero no todos la misma.

La vida,
llena de misterio
la he querido cambiar;
mi vida,
un camino que se ha tornado
oscuro he indescifrable.

Lo que un día
estuvo de mi parte
ahora se vuelve contra mí.

Ahora espero que llegue ese día tan anhelado
en el que mi vida cambiará;
cambiará para bien,
cambiará para mal.

Lo sé, cambiará para bien . . .
ese día tan anhelado
en el que encontraré un nuevo camino.

Esta vida,
llena de misterio la he cambiado;
mi vida,
un camino que ha encontrado
la luz y la felicidad.

La vida,
todos tenemos una
pero no todos la misma.

• A LIFE LIKE ANY OTHER •

Life,
we all have one
but not all the same one.

Life,
full of mystery
we want to change it;
my life,
a path that has become
dark and indecipherable.

What one day
was on my side,
now turns against me.

Waiting now for that yearned day,
in which my life will change;
a change for good,
a change for worse.

I know, will change for good . . .
that yearned day,
I will find a new way.

This life,
a mystery, but now brighter;
my life,
a new way, that now has found,
light and happiness.

Life,
we all have one
but not all the same one.

• EPIGRAMA A LA DEIDAD •

Lo lírico de mis palabras muere
y mi recuerdo de ti es tan solo hoy
una gran elegía que hiere mi ser.

Tu nuevo amor es tan confuso
que mi ser se perpetúa ante él;
tus hélidas palabras quebrantan,
la hermosa imagen angelical que tenías
en el interior de mi corazón.

El curso de la vida se detiene,
y siento que me ahogo en lo profundo
del miedo y la desesperación.

El camino se torna difícil,
mis ánimos decaen y lloro sin parar;
amo a la deidad pero no sé dónde está,
amo a la deidad pero no sé si es real.

• EPIGRAM TO THE DEITY •

The lyric of my words die,
my memory of you, today
is elegy that hurts my soul.

Your new love, so confusing,
perpetuates my soul;
your gelid word breaks
the beautiful angelical image,
that you had inside my heart.

The course of life stops,
and I feel how I drown,
in the deep of the feared sea.

The path becomes difficult,
my spirit decays and I cry;
I love the deity, where is she?
I love the deity, is she real?

• SALMO XXIX •

(oración del amor eterno)

Tu lo creaste todo,
todo es perfecto y no esta solo;
como el cielo y las estrellas
un hombre y una mujer unidos están.

Juntos desde el principio
de la maravillosa creación,
hasta los días de la modernidad,
y hasta que tu señor, decidas
unirlos a los dos en el infinito.

No separes nunca lo creado
y menos cuando son dos seres
que por siempre se ha amado.

Un inmenso agradecer hay
por el amor lleno de frutos
y sus alegrías que hacen de la vida
la más bella de las creaciones.

• PSALM XXIX •

(The eternal pray of love)

You have created everything,
everything is perfect and is not alone;
as the sky and the stars,
a man and a woman, are in love.

Together from the beginning
of the wonderful creation;
together until the days of modernity,
and until you my lord, decide
to unite us both in the infinite.

Never separate the creation,
not when they are two souls
that always have love one another.

Immense gratefulness,
for the love full of fruits,
for the joy that makes life,
the most beautiful of the creations.

• DIOSES DEL PODER HUMANO •

Pensar y vivir
actuar y morir;
debo primero mi destino cumplir
para acabo la fuga llevar
y mi alma poder salvar.

Las entrañas de mi ser,
oscuras y vacías se han tornado.

Al llegar la dulce primavera,
se destruirán los mundos infernales
y así todo habrá cambiado;
no más mundo lacerado,
todo para aquellos mundos habrá terminado.

• GODS OF HUMAN POWER •

Think and live,
act and die;
first, fulfil the destiny,
make the escape real,
and save your soul.

The entrails of the world,
dark and empty have become.

When the sweet spring arrives,
the infernal world will be destroy,
and everything will change;
no more lacerate worlds,
for those, everything will be finish.

• AMOR PERDIDO •

una primavera serena
surgió y avivó mis esperanzas,
noches de dulzura, pasión y locura
amor sin límite alguno.

Y vaya sorpresa que me lleve
al ver como mi amor se perdía
y mi vida decaía,
entremezclada con la turbulencia
del olvido, del odio y la incomprensión.

Luego de un clímax de amor y felicidad
hoy mi alma yace sola y perdida,
en un mundo oscuro
donde el amor es como una prenda
que se pone, se quita o se cambia.

Ya mi destino aquí está,
solo me puedo resignar, solo caminar
y decidir si pensarte u olvidarte,
pero igual sé que aquellos días de gloria
no volverán y mi alma
por siempre perdida quedará.

• LOST LOVE •

The quiet, calm spring,
arose, intensifying my hopes;
sweet nights of passion and madness,
a love without limits.

Surprise I had
when I lost your love;
my life decayed,
mixed with turbulence,
forgetfulness, hate and surprise.

After a climax of love and happiness,
my soul lies alone and lost,
in a dark world
where love is like an item;
is on, is off, exchangeable.

My destiny is here,
I can only resign, walk alone;
choose remember, choose to forget,
I know that those days of glory
won't return again,
only my soul, forever lost.

• DECIMAS DE DOLOR •

Un amor que me dio pasión;
sueño solo en mi realidad,
sueño y amor de verdad;
agua que a ti te brinde
pura como la fe misma.
Un amor que me dio dolor,
sueño y pesadilla a la vez;
todo mi amor se perdió
y mi vida se desterró
por siempre de tu corazón.

• TENTHS OF PAIN •

A love that gave me passion;
dream only was my reality,
I dreamed a real love;
water that I offered you
pure as faith.
A love that gave me pain,
dream and nightmare simultaneously;
all my love was lost
and my life was exiled,
forever of your heart.

• MALA MUJER •

Mala mujer que me enamoraste
y con tus mentiras me engañaste;
¿porqué tenias que ser tú?
por que no mejor nadie.

El mundo y todo maravilloso se volvió,
hasta aquél día donde todo se torno
oscuridad y penetre al sarcástico mundo.

Tus palabras nada pudieron explicar
y mis sentires se echaron a volar,
para nunca más regresar.

Mala mujer que me enamoraste,
como puedes decir tú
que por mi lloraste y a la vez luchaste,
si en verdad te daba igual
tenerme o perderme.

Yo que por ti todo lo di
y hasta por ti hubiera volado,
no alcanzas a comprender el dolor
que experimenta mi corazón,
eres esa mala mujer
que todo lo dio a perder.

• BAD WOMAN •

Bad woman that loved me
with lies deceived me;
why did it have to be you?
would it be better, freedom?

The world wonderful became,
until that day where everything turned dark,
and I felt into the sarcastic world.

Your words nothing could explain,
and my heart fled away,
to never return again.

Bad woman that loved me,
how can you say,
that you cried and fought for me?
it was really, the same for you,
to have me or to lose me.

For you, I gave it all
and even for you I loved;
you don't know the pain
that crosses my heart;
you are that bad woman,
who lost it all.

• CARTA DE DESPEDIDA AL QUE FUERA EL AMOR DE MI VIDA •

Soledad y tristeza me han invadido;
antes amor y alegría en mi había,
no pensé que algún día te perdería.

donde esté, no dudes que te pensaré;
rondándome el pasado se mantendrá
anunciando que aquellos días de elogia se irán.

Vacilarás y sé que no volverás;
amor mío, tuyo siempre será;
recuérdame también como yo te recuerdo.

estaré solo y esperándote;
la vida nos unirá y todo se repetirá . . .
amores y pasiones que luego vendrán.

• LETTER OF GOODBYE TO WHOM WAS THE LOVE OF MY LIFE •

Sadness, loneliness, all have invaded me;
a love of joy, I had before,
not thinking that someday I would lose you.

Don't doubt that I will think of you wherever I go;
rounding my mind the past will be,
announcing, those days of praises are gone.

Vigorous you will be and you won't return;
at your heart, my love always will be;
remember me too, like I remember you.

Expecting you, I will always be;
life will unite us, everything will return,
and the passionate love, will begin soon again.

• SOLO PARA TI •

Donde puedas volar,
donde podamos reír;
un cielo solo para ti
y un gran amor que podamos compartir.

Mi ser sin importar colapsos
a tu alma eterna pertenece;
mi fiel amor en soledad a ti vivirá
aunque el destino no pudimos cambiar.

Donde pueda volar,
donde podamos morir;
fundidos en un cielo
y con un beso tuyo podamos sonreír.

Tu ser sin importar colapsos
siempre mi amor amará;
llegamos a escasos pasos del final
pero un giro nos niega el triunfar.

Donde podamos amar,
donde juntos podamos soñar;
al fin del mundo partiré
en tu busca y mi amor te regalaré,
para al final junto a ti poder morir
y todo solo para ti.

• ONLY FOR YOU •

Where you can fly,
where we can laugh;
a sky only for you
and a great love that we can share.

My body, without collapsing,
to your eternal soul belongs;
my faithful love, alone,
our destiny, we couldn't change.

Where I can fly,
where we can die;
fused in the sky,
and with a kiss smile.

Your body, without collapsing
my soul will always love;
we arrived, little steps from the end,
but a dark turn denies us the triumph.

Where we could love,
where together we could dream;
to the end of the world I will go,
looking for you, my love;
at the end, next to you, being able to die
and all, only for you.

• SENSUAL •

Tus ojos se llenan de estrellas
mientras la noche cae y el tiempo muere;
el cielo de tus labios acarician ardientes
la piel desnuda de mi cuerpo deseoso.

Vestidos tan solo con el velo de la noche
mis raíces de amor se unen a tu suelo
abrigando la inmensidad del cielo.

Desbordados los ríos del inmenso cielo,
los cuerpos celestiales ebullen hacia el infinito;
dos ángeles que se funden en un cuerpo
y en un mundo que no conoce fronteras.

Viajando por parajes jamás conocidos
por ningún otro ser humano o divino,
se entregan placeres y recuerdos sublimes
que dejan atrás aquel tormento fatídico.

Suave y sin prisa nuestros mundos se unen . . .
se unen un día mas de sentimientos sinceros
y una noche más de placeres del amor.

Cerrar los ojos y sentir un amor inmenso;
abriendo el corazón mueren los sofismas
y los paupérrimos vaticinios del futuro;
únete a mi otra vez amor mío
y siente la verdad del reino aquel.

• SENSUAL •

Your eyes are filled with stars,
the night falls and the time dies;
the sky, your lips, an ardent touch,
the naked skin of my eager body.

Dressed only with the veil of the night,
the roots of love are united to your ground,
sheltering the immensity of the sky.

With overflowed rivers of the immense sky,
celestial bodies travels towards the infinite;
two angels fused themselves in a body,
in a world that doesn't know limits.

Travelling through places never known,
by any other human being or divine soul;
pleasure and sublime memories,
leave behind the dark days.

Smooth, without haste, our worlds together
united by a day of sincere feelings
and one night of pleasure and love.

Close your eyes, feel the immense love;
open our heart, without sophisms,
the predictions of the future die;
come with me again my love
and feel the truth of our kingdom.

• FURIA ETERNA •

Me enferma el aire que respiro,
me irrita el tocar su mundo
y me deprime el ver aquellas personas
que me matan con sus palabras.

Me enferma su aire cargado de miedo,
de falsos héroes y de hipocresías;
tan solo su indeseada presencia
contamina mi mente llenándola de sofismas.

Me irrita palpar su paupérrimo mundo
lleno de depredadores y rapiñeros;
su escatológico mundo reprime
el paraíso de verdaderos seres sublimes.

Y me deprime ver las díscolas personas
que matan con sus necias palabras,
los más bellos sueños de seres
que como libérrimos párvulos,
han encontrado su verdadera catarsis.

• ETERNAL FURY •

I'm sick of the air I breathe,
irritates me touching their world
and depresses me seeing the people,
that kills me with their words.

I'm sick of the air loaded with fear,
the false heroes and hypocrites;
their unwanted presence,
fills my mind with sophisms.

Irritates me feel their poor world,
full of predators and hypocrites;
their eschatological world represses
the paradise of true sublime souls.

And depresses me seen the disturbed people,
who kill with their foolish words
the most beautiful dreams of others,
who like innocent infants,
have found their true catharsis.

• EL DIOS POETA •

Cuando la pesadez de la noche caiga sobre tus ojos
y la lluvia como lagrimas de párvulo te arrullen,
soñaras conmigo en el jardín placentero del santuario.

Como si fuera Dionysos te llenaré de placer y alegría,
probarás de mí el más dulce vino de la vida
y será junto a mi que harás tus sueños realidad.

La verdad de mi ser invade con ternura tu corazón,
como Ovidio te llenaré del arte del amar
y mis palabras te harán volar libre y sublime.

En nuestro reino las estrellas cantan y sonríen,
el cielo con su manto claro te protege y abriga,
el claro manantial te baña y te llena de esplendor.

En nuestro reino esta la verdad,
junto al dios-poeta todo puede ser realidad;
busca el jardín placentero del santuario
y sueña en el abrigo inmortal.

Cuando la pesadez de la noche se marche
y la cálida mañana abra de nuevo tus ojos,
verás que la verdad es irrefutable y sincera
así como mi reino pues soy yo el dios-poeta.

• THE GOD POET •

When the tiredness of the night falls on your eyes
and rain as tears of infants sings to calm you,
dream pleasurable, in the garden of the sanctuary.

As Dionysus, I will give you pleasure and joy,
you will taste, the sweetest wine of life
and you will make your dreams reality.

The truth invades, tenderly your heart,
as Ovid, I will give you the art of love
and my words will make you fly free, sublime!

In the kingdom, the stars sings and smile,
the sky with a clear mantle, your shelter;
a pure clear spring, fills you with splendour.

In the kingdom there's a truth,
next to the God-poet, everything is reality;
look pleasurable, for the garden of the sanctuary
and dream under the immortal shelter.

When the tiredness of the night leave
and the warm morning, open your eyes again,
you will see, there's a truth, irrefutable and sincere;
like the kingdom, my kingdom, because I am the God-poet.

• TIERRAS LEJANAS •

Cuando la clara noche cae
y cubre con su manto la inmensidad,
veo a través de las estrellas tu rostro
pidiendo compañía y felicidad.

Cuando la larga noche cae
y muere con ella la luz de la creación,
veo pasar desde fronteras y tierras lejanas
las horas sagradas de días sublimes y silenciosos.

Solo cuando la noche se marche
y la luz de la creación brille de nuevo,
podré contemplar tu cuerpo
y nuevamente mirándote te diré . . .
esta noche no estarás sola.

• FAR LAND •

When the clear night falls
and covers with its mantle the immensity,
I will see through the stars your face,
asking for company and happiness.

When the long night falls
and the light of creation, dies with it,
I will see, from borders and distant lands,
the sacred hours of sublime and quiet days.

Only when the night leave
and the light of creation shines again,
I will contemplate your body
and looking at you again, I will say . . .
tonight you won't be alone.

• DE PERROS Y ÁNGELES •

El pasado vuelve a mi
como una interminable tormenta,
mostrando ante mis ojos y mi ser
que siempre ha sido el presente.

No puedo amar con amor
por que soy todo destrucción;
no puedo siquiera contemplar
el dulce rostro de mi ángel,
pues podría desgarrar su manto
y destrozar sus alas sin querer.

No soy venido del cielo
mas sí quizá del infierno;
amante del fuego y la oscuridad
camino por la autopista al infinito.

Perros y ángeles en guerra,
luchas y tormentas por la libertad;
camino entre ellos hacia la salida
de un mundo que no conozco.

Llevando conmigo una perenne ilusión
de traspasar el muro de silencio
que separa la vida del mas allá . . .
pero la interminable tormenta sigue ahí.

• DOGS AND ANGELS •

The past has returned,
like an interminable storm;
showing before my eyes
is always been the present.

I can't feel love,
because I'm all destruction;
I can't contemplate
the sweet face of my angel,
because I could tear her mantle
and destroy her wings, without intention.

I'm not from the sky,
perhaps from hell;
love, fire and darkness,
walk the freeway towards the infinite.

Dogs and angels in war,
fights and storms of freedom;
walking among them, towards the exit
of a world that is unknown.

Taking a perennial illusion,
they trespass the silent wall,
that separates life from infinite . . .
but the interminable storm, follows you always.

• VIDA, MUERTE Y PARAÍSO •

Filosofía o escepticismo, que es el mundo?
lleno de muerte y alegría . . . de soledad.

El cielo encierra en su infinito territorio
la verdad de demonios, ángeles y guardianes,
que hombres y mujeres sagrados
buscan incesantemente sin respuesta.

El día nace y la noche muere,
la noche nace y el día muere;
imprescindible todo el reino de la vida
nos impulsa a amar y a odiar,
cuantos más llevaremos la gran cruz?

La vida es para los grandes ministros
el paraíso prometido por generaciones,
un gran paso para llegar al último día
y quizá todo terminara sin importar.

Vida o muerte . . . paraíso para cualquiera;
paraíso para los hijos de la luz,
paraíso para los hijos de la noche;
al final todos somos iguales.

• LIFE, DEATH AND PARADISE •

Philosophy or scepticism;
a world plenty of death, joy and loneliness.

The sky locks up, the infinite territory,
and the truth of demons, angels and guardians;
the truth that sacred men and women,
look incessantly without an answer.

The day is born and the night dies,
the night is born and the day dies;
the kingdom of life and death,
pushing us to love and hate;
how many more will carry the cross?

Life is for the great ministers
a paradise promised for generations;
a step to arrive at the last day
and perhaps everything, will end without meaning.

Life or death . . . paradise for anyone;
paradise for the children of light,
paradise for the children of the night;
in the end, we are all the same.

• NECESITO ALGO DE TI •

Cómo olvidar todos aquellos pasos
qué hasta hoy he dado a tu lado?
cómo borrar todas aquellas huellas
qué tu cuerpo ha marcado en mi ser?

Aquel rostro pálido de grandes ojos
y seductores labios que amé,
gira en mi mente día tras día.

Gira en mi mente noche tras noche
aquel cuerpo sediento y sublime
de suave piel y colorido cabello.

El hombre de negro con su eterna botella
camina silencioso en las noches,
tratando de encontrar su destino;
tomarlo suave o rápido? . . . es sólo olvidar.

El coloso recuerdo inmortal lo persigue
pero su corazón ya no quiere mirar;
es tiempo de mentir y partir,
es tiempo de soledad y alegría,
es tiempo de que seas feliz.

Necesito el seductor pasado
que hoy ya también es dolor,
entre alegrías y llanto
necesito por fin olvidarte.

• I NEED SOMETHING FROM YOU •

How can I forget every step,
that I have taken by your side?
how can I erase the memories,
that your body have marked on my body?

That pale face and big eyes,
the seductive lips that I loved;
all turns around in my mind day after day.

Turns around in my mind, night after night,
that thirsty and sublime body
of smooth skin and colourful hair.

The man in black, with a whisky bottle,
walks quietly in the nights,
trying to find his destiny;
smooth or rough, only forgetfulness.

The immortal colossus memory persecutes me,
and my heart no longer wants to feel;
it's time to lie and depart,
is time of loneliness and joy;
is time for us to be happy.

I need the seductive past,
that today is also pain;
between joy and tears,
I need to finally forget about you.

• MÁS QUE UN RECUERDO •

Más que imágenes y palabras,
más que momentos y caricias
es un ritual, una música suave.

La necesidad por el sagrado pasado
y de aquellos días de unión
es apabullada por el nuevo tiempo.

Más ya ángeles y guardianes
están impotentes y perpetuos . . .
todo ya consumido está.

Tu rostro y alma de niña han muerto,
hoy ya eres alguien más,
un ser de un reino ajeno.

Tan solo podré pensarte y amarte
en medio del recuerdo de aquel pasado,
aunque en el mas allá te necesite.

• MORE THAN A MEMORY •

More than images and words,
more than moments and a touch,
it's a ritual, smooth music.

The need of a sacred past
and the sensual days,
are squashed by the new time.

Beyond angels and guardians,
impotent and perpetual,
everything consumed is now.

Your angelic face and soul are dead;
today you are just somebody else,
a creature of other people's kingdom.

I will only think of you without love,
in the middle of memories of our past,
even, if I miss you in the future.

• LA PRESENTE CRUZ DEL PASADO •

Mis ojos no concilian sueño
y mi cuerpo enfermo ya está;
mi mente entra en desespero
y la locura me cobija con esmero.

Una cruz irónica reemplaza hoy
tus labios que ya pálidos yacen;
las puertas de mi mente se abren
y deliran por tu compañía,
mas las puertas de mi corazón
no saben si abrir de nuevo.

El miedo despierta una vez más
recordando en cada instante,
toda aquella furia y la tormenta
que ronda nuestro mundo.

Mujeres y diosas hay a mi alrededor
pero tan solo la cruz en mi pecho
ha abierto las puertas de mi ser
hacia un nuevo paraíso . . . al santuario eterno.

• THE PRESENT CROSS OF A PAST •

My eyes can't sleep
and my body is already ill;
my mind with despair,
madness, blanket me with care.

An ironic cross replace today,
your lips that already pale, lie dead;
the doors of my mind are opened,
delirious for your company are;
but the doors of my heart,
don't know if to open again.

The fear awakes once again,
remembering every moment;
the fury and the storm,
surrounding our world.

Women and goddesses are around me,
but only the cross in my chest,
opens the doors of my soul again,
towards a new paradise, the eternal sanctuary.

• SOBRE EL PASADO Y EL FUTURO •

El mundo despierta ante mi
y con su cruel sonrisa tortura mi destino;
la soledad se apodera de mi interior
destruyendo mis nervios y mi mente.

Imágenes que dan vuelta en mi cabeza
con efectos del alcohol,
sin ser sueño ni pesadilla
dibuja frente a mí el escepticismo.

Imágenes de mujeres desnudas,
imágenes de noches de vino;
imágenes que torturan la mente
y encadenan la libertad.

El cielo que hay en mi
quiere una salida justa y verdadera,
mas los obstáculos me impiden
cumplir la meta propuesta.

El infierno que en mi hay
conduce mi ser por entre caminos
que aparecen llenos de placeres y de vino;
requiero de la voluntad divina.

Entre las imágenes del pasado
debo decidir mi futuro;
entre el caos y la soledad del momento
debo buscar mi nuevo camino.

• ON THE PAST AND FUTURE •

The world awakes before me,
and with its cruel smile, tortures my destiny;
the loneliness seizes my soul,
destroying my nerves and mind.

Images ringing in my head,
with effects of alcohol;
without being dreams or nightmares,
drawn in front of me, with scepticism.

Images of naked women,
images of nights and wine;
images that torture the mind
and lock the freedom.

The sky in me,
wants a real, true exit,
but obstacles are stopping me
from fulfilling the purpose that aim.

The hell in me,
leads my soul among ways,
full of pleasures and wine;
I need the divine spirit.

Between images of the past,
I must decide my future;
between chaos and dark moments,
I must find a new aim.

• SOBRE LA MALDAD •

Hay seres humanos nacidos
bajo estrellas del cielo y otros del infierno;
hay creadores y guardianes
del bien y otros del mal.

El mundo dividido en dos
parte las almas y los sueños
de todos los mortales que sin culpa alguna,
nacieron bajo una mala estrella.

La vida transcurre sin parar
para aquellos seres de malos creadores,
para aquellos seres que sus vidas
están llenas de caos y de miedo.

Por más que lo intentan sus sueños
quedan convertidos en crueles pesadillas;
hay personas nacidas bajo estrellas
custodiadas por infernales guardianes.

Quién pregunta por qué todo es maldad
encontrará en su estrella la verdad;
quién pregunta por qué nada sale bien
encontrará respuesta en su creador.

El fin es la explicación verdadera
de quién murió inconforme;
hay almas que aún rondan el mundo
en busca de caminos para sus sueños.

• ON EVIL •

Some human beings are born,
under stars from the sky, others from hell;
there are creators and guardians,
of good and evil.

The world divided in two,
breaks the souls and dreams
of all mortals, that without guilt,
were born under a bad star.

Life passes without stop,
for the souls of bad creators,
for people whose lives
are full of chaos and fear.

No matter how hard you try,
dreams are turned into cruel nightmares;
there is people born under stars,
always protected by infernal guardians.

Questioning, why everything is weir,
will make you find the truth;
questioning, why life is hard,
will make you find peace.

The end is the true explanation,
to find the answer of life and died;
there are souls, still going around the world,
in search for an exit, for their dreams and the truth.

• EL FIN DEL CAMINO II •

Todos llegamos,
como volando por el horizonte
al final del camino.

Cuando nuestras almas se despiden,
los reinos del pasado caen al infierno
fulminándonos con una ráfaga de dolor.

Sueños de rocío y de miel mueren,
solo una lagrima recuerda triste
momentos cálidos de pureza interior.

Y solo una verdad escondida
contempla el camino futuro del amar,
que hoy vuela fuera de nuestro ser.

Salimos de la amnesia
que la cruel vida nos ha deparado
y despertando el mirar, morimos en soledad.

La luz brillante del cielo se desvanece,
el mundo separándonos se divide
y el fin nos embriaga del punzante dolor.

Todos llegamos inesperados
como ángeles perpetuados en el cielo
al final del camino.

• THE END OF WAY II •

We all arrived,
flying by the horizon
at the end of the way.

When our souls are leaving,
the kingdoms of the past falls to hell,
thundering against us with a pain burst.

Dreams of dew and honey die;
only a tear remembers sad,
warm moments of inner purity.

And only a hidden truth
contemplates the future way of loving,
that today flies outside our soul.

We left the amnesia,
that the cruel life has set for us
and opening our eyes, we died in loneliness.

Shining light vanishes from the sky;
the world separating, divides itself
and the end, intoxicate us with a sharp pain.

We all arrived unexpected,
like angels perpetuated in the sky,
at the end of the way.

"IF THE DOORS OF PERCEPTION
WERE CLEANSED,
EVERYTHING WOULD APPEAR TO MAN
AS IT IS: INFINITE"

—WILLIAN BLAKE.

DEDICATED TO:

SOCRATES

JANUARY 1995 - JULY 2002